KB273785

내가 돈을 벌고 있다는 착각

일러두기

· 이 책은 저자 고유의 문체를 살리기 위해 입말 느낌을 최대한 유지하여 편집했습니다.
  표준어 맞춤법에 어긋나는 표현을 일부 사용했음을 알려드립니다.
· 차례는 32쪽에 있습니다.

내가 돈을 벌고 있다는 착각

commonD
지음

부의 사다리를 세우는 지혜의 눈

스틸당。

당신은 부자가 되어야 한다

사람들은 다양한 인생의 목표를 이야기한다.

안정된 삶, 결혼, 시간의 여유, 가족, 직업적인 성공,

얼핏 보면 다양해 보이지만,

결국 선택할 수 있는 자유를

추구한다는 데 있어서 크게 다르지 않다.

따라서 부를 이룬다는 건 자유를 위한 여정이며

인생에 있어서 필수불가결한 단계임을 의미한다.

목적 없이 떠도는 삶은 죽은 돌멩이와 다름없다.

먼저 명확히 짚고 넘어가야 할 게 있다.

부자란 어떤 사람을 의미하는 걸까?

돈이 많은 사람을 부자라고 생각한다면,

그 사람은 부자가 되기 어렵다.

부자란 단순히 돈 많은 사람을 의미하는 것이 아니라,

남이 원하는 것을 많이 갖고 있는 자를 뜻하기 때문이다.

먼 옛날, 수렵시대에는 부자 같은 건 존재하지 않았다.

사냥감을 잡기 위해 하루종일 뛰어다니고,

그날그날 수확물을 소모했으므로

남는 에너지 같은 건 없었다.

인간 사이에서 부의 격차가 명확하게 벌어진 건

농사가 시작되면서부터였다.

이때부터 인간은 눈앞에 보이는 사냥감을 노리는 게 아니라,

눈앞에 보이지 않는 수확물을 상상하며,

시간과 땀방울을 들여서 땅에 에너지를 투사하기 시작했다.

수확물이 나오자, 먹고도 저장할 수 있는

잉여농산물이 생기기 시작했다.

사람들은 농산물이 썩는 걸 방지하기 위해,

동굴이나 토기 안에 저장했다.

모든 사람들은 농부가 됐고,

사람들 간에 부의 격차가 생기기 시작했다.

눈앞에 보이는 사냥감만 쫓던 사람들은 부자가 되지 못했고,

눈앞에 보이지 않는 미래를 좇던 사람들은 부자가 됐다.

이때 부자가 되는 방법은 단순했다.

노동에너지를 가치에너지(수확물)로 전환시키고,

그것을 가치저장수단(동굴, 토기)에 저장시킨다.

단순해 보이지만 이 공식은 아직도 변한 게 없다.

현대인은 자신의 노동에너지를 가치에너지(돈)로 전환시키고,

그걸 가치저장수단(주식, 부동산, 채권, 사람)에 저장시킨다.

여기서 가치저장수단은 형태를 가리지 않는다.
결국 물질세계의 모든 것은 형태는 다르지만
다 같은 에너지이기 때문에,
에너지를 저장한다는 점에서 모두 동일하다.

현명한 사람들은
가치가 돈과 물질에 한정되지 않는다는 걸 안다.
내 안에 지식과 지혜를 담으면, 내가 가치저장수단이 된다.
사람에게 신뢰를 담으면 사람이 가치저장수단이 된다.
가족에게 사랑과 애정을 담으면
가족이라는 그릇이 가치저장수단이 된다.

이런 에너지들은 필요에 따라

돈이나 물질로 치환되기도 하고, 그 반대가 되기도 한다.

사업을 하는 기업은 수년간 적자를 보더라도

사람들 사이에서 브랜딩을 해서,

신뢰 에너지를 저장하고 구축한다.

그리고 적절할 때에 이를 물질로 치환한다.

에너지의 저장과 흐름을 꿰뚫어보는 사람은

어떤 분야에서건 성공하기 쉽다.

이들은 세상을 복잡하게 형상화하지 않고,

그저 에너지를 담을 수 있는

각기 다른 형태의 그릇으로 인식한다.

여기서 중요한 건

내 시간과 에너지를 어디에 담는 게 가장 유용한가를

생각해보아야 한다는 것이다.

모든 가치저장수단은 시간이 지남에 따라

엔트로피가 증가하며 가치가 빠져나간다.

엔트로피란 세상 모든 물질에 적용되는 물리법칙으로

질서에서 혼돈으로 돌아감을 뜻한다.

쉽게 말해서 모든 것들은 썩는다.

창고에 저장된 곡물도 썩고,

사람에게 저장된 신뢰 또한 희석된다.

주식은 CEO가 에너지를 빼가고,

부동산은 세금으로 에너지를 뺏어간다.

나에게 저장한 지식과 지혜도 나이를 먹으며 풍화되지만,

그래도 역시 세상의 모든 것들 중에

가장 효율이 좋은 가치저장수단은 나 자신이다.

친구는 친구를 위해 살고,

기업은 기업을 위해 살고,

정부는 정부를 위해 살지만

나는 오로지 나만을 위해 살기 때문에

내 몸은 나에 한정해서,

세상에서 가장 효율 좋은 가치저장수단이 된다.

자, 한번 생각해보자.

손흥민이 사기를 당해서 모든 돈을 잃는다면,

그는 더 이상 부자가 아닌 걸까?

그렇지 않다.

그에겐 '명예'와 '기술'이라는 자산이 있다.

한국에 와서 유튜브를 켜고 눈물 한 방울을 흘리면,

눈물을 돈으로 치환시킬 수 있다.

그의 명예는 언제든 물질로 치환되는 자산이며,

사람이라는 가치저장수단 안에 저장된다.

따라서 부자란, 몸이든 아니면 바깥 물질이든 간에

남과 교환할 수 있는 걸 많이 가진 사람을 의미한다.

그들은 세상을 보이는 것만으로 판단하지 않는다.

좋은 기술, 외모, 지식, 지혜, 가정, 아내, 자식, 사람,

모든 게 자산이자, 부의 기준이 된다.

반면 세상을 물질로만 보는 유물론자들은

물질과 돈을 혐오하는 척하면서도,

오직 돈으로만 세상의 질서를 정하려 한다.

현명한 자는 눈에 보이지 않는 것을 좇으며,

어리석은 자들은 눈에 보이는 것을 쫓는다.

따라서 우리가 부자가 되기 위해서 제일 먼저 해야 할 일은

노동력의 가치를 올리는 일,

즉 자신에게 투자하는 일이다.

나라는 가치저장수단 안에

지식과 지혜, 경험, 유머, 센스, 인간성, 사랑, 배려까지

단어로 표현할 수 있는 모든 건 가치로서 저장된다.

다들 인정하지 않으려 하지만,

우리는 모두 어렸을 때 선택지를 가졌다.

자신의 시간과 에너지라는 자원을 어디에 쓰고

어디에 저장시킬지 스스로 선택했다.

누군가는 '나'라는 가치저장수단 안에

지식과 지혜와 기술과 품성과 매력을 닫는다.

누군가는 '타인'이라는 가치저장수단 안에

우정과 신뢰와 유대를 담는다.

누군가는 본능과 쾌락을 이기지 못하고,

남이 만든 가짜 가치물에 시간과 에너지를 모두 빼앗겨버린다.

남들이 필요로 하는 가치물에 에너지를 저장한 사람들은

노동에너지의 효율이 올라갔고,

그렇지 않은 사람들은 낮은 노동에너지 효율을 갖게 되었다.

뭔가를 쌓을 때에는,

오로지 남의 시선으로 자신을 바라봐야 한다.

남에게 공감하는 자는

남에게 유용한 걸 쌓고 부자가 되는 반면,

자신에게 공감하길 바라는 자는 평생 진리를 이해하지 못한다.

그렇게 높아진 노동 효율을 바탕으로

우리는 돈을 벌고,

그 돈을 은행, 채권, 주식, 부동산, 상가 같은 물질로 이루어진

가치저장수단 안에 저장시킨다.

여기서 우리에게 중요한 것은

돈을 버는 것이 아니라,

돈을 저장하는 그릇,

즉 가치 손실률이 적은 그릇을 찾아야 한다는 것이다.

사람들은 중대한 착각을 하고 있다.

고대시대에 농부들이 창고 안에 농산물을 저장할 때,

농산물이 자동으로 불어나길 기대하지 않았다.

그저 덜 썩기만을 바랐다.

하지만 이상하게도 현대인들은 돈을 어딘가에 저장하면서,

가치가 불어나길 기대한다.

이건 돈이라는 창조물, 숫자가 주는 큰 착각이다.

우리가 쓰고 있는 '종이 화폐'라는 발명품은

세상을 거꾸로 보게 만들었다.

돈도 썩고, 주식도 썩고, 부동산도 썩는다.

겉으로 보이는 것들이 썩는 게 아니라,

시간의 흐름에 따라 눈에 보이지 않는 내면의 가치가 썩어간다.

돈은 일 년에 약 7~10% 이상 가치가 썩는다.(굳이 이 책에서 화폐

발행량의 정도를 증명하는 데 시간을 할애하지는 않겠다.)

은행에 맡긴 돈들은 어떻게 될까?

내가 100만 원을 은행에 맡긴다면,

은행은 10만 원 정도만 남겨두고, 90만 원은 대출로 돌린다.

돈은 사람의 혈액처럼 순환한다.

90만 원은 시장을 한 바퀴 돌고, 다시 은행으로 돌아온다.

그리고 90만 원의 10%인 9만 원만 남겨놓은 채,

81만 원은 다시 시장을 한 바퀴 돈다.

이런 무한 반복을 통해,

내가 맡긴 100만 원은 약 10배가량의

가짜 돈을 시장에 만들어내고,

가짜 돈들은 부동산이나 주식 같은 자산 시장으로 흘러들어가,

결국 자산 시장에 적힌 가격의 숫자를 올리고,

자산이 없는 자들을 상대적으로 빈곤하게 만든다.

우리는 은행에 돈을 저장하고 3% 이자를 받지만,

돈의 가치는 4~7% 이상 썩어버린다.

이걸 계산해보면 10년마다 돈의 가치는 절반 정도로 줄어든다.

물리법칙에 예외는 없다.

이건 단순히 알고 넘어갈 일이 아니라,

우리가 마주한 가장 심각한 문제다.

연봉 3,000만 원인 사람이 자신의 노동 가치를 유지하려면,

10년 후 연봉은 6,000만 원이 되어야 한다.

20년 후 연봉은 1억 2,000만 원이 되어야 한다.

30년 후 연봉은 2억 4,000만 원이 되어야 한다.

40년 후 연봉은 4억 8,000만 원이 되어야 한다.

심지어 이렇게 연봉이 올라도 나아지는 게 아니라,
그저 현상 유지를 했을 뿐이다.
이게 바로 전 세계 모든 노동자들이 직면한
신용화폐 시스템의 현실이고,
거의 모든 사람들이 필연적으로 가난해질 수밖에 없는 구조다.

이런 시스템에 위기감을 느낀 사람들은
더 좋은 가치저장수단을 찾아 헤맨다.
우리나라는 부동산을 선호한다.
미국은 S&P500을 선호한다.
다들 제일 이익률이 좋은 곳,
가치 손실률이 적은 그릇을 찾아다닌다.
여기서 선악은 없다.
농부가 농산물을 썩지 않게 보관하는 건 당연한 일이다.
하지만 현대인들의 가치저장은
시스템에 의해 투자라는 이름으로 변형되었다.
누군가는 투기라는 이름으로 매도하지만
농산물을 썩게 하는 농부가 게으른 것처럼
아무것도 하지 않는 개인도 게으르다.

따라서 개인들은 그릇을 찾아야 한다.

그릇들을 잘 비교해보면 재밌는 사실을 발견할 수 있다.

모든 그릇들은 화폐 발행량 이상으로 수익을 내는 게

거의 불가능하다는 것이다.

이건 사실 너무 당연한 일이다.

돈이란 건 혈액처럼 흐르므로

누군가 이익을 봤다면

누군가는 손해를 보는 제로섬게임이다.

따라서 전체 투자 수익률은 0%에 수렴해야 한다.

하지만 전 세계의 화폐는 1년에 약 7~10%씩 증가하므로,

화폐 증가량만큼의 수익률이라는 허상이 생긴다.

S&P500, 우리나라 부동산의 가치 증가율은

화폐 증가율을 거의 그대로 따라간다.

주식시장에서 개별 종목을 투자해서

돈을 버는 건 대부분 운이다.

태풍 속으로 들어가서 바람의 방향을 예측하는 건 무모한 행동이다.

따라서 전문 투자자도 시장 수익률을 이기긴 힘들다.

심지어 투자의 전설로 불리는 워런 버핏Warren Buffett조차

최근 10년간 S&P500의 수익률은 이기지 못했다.

지수 투자를 하는 게 자신의 에너지를 쓰지 않고,

가치 에너지를 보존하는 가장 이상적인 방법이지만

금융사는 개인의 에너지를 갈취하고 싶어 하므로
최대한 매매를 많이 하게 만든다.

실제로 주식 투자로 돈을 버는 사람은 많지 않다.
거의 모든 부자들은 사업 같은

노동에너지를 바탕으로 부를 쌓고,

그것을 좋은 가치저장수단 안에 오랫동안 보관한 사람들이다.

금융사들은 코스피가 2,000에서 5,000이 됐으므로
주식이 부동산보다 수익률이 높다고 홍보하고
부자가 될 수 있을 것 같은 희망을 주지만,
사실 사업을 통해 주식을 갖게 된 부자들이 대부분이며
주식 매매만으로 부자가 된 사람은 거의 볼 수가 없다.

금융사가 부유해진다는 건,
개인이 가난해진다는 뜻이다.

하지만 사람들은 금융사가 만든 거대한 하우스에서
인생의 에너지를 갈취당한다.
이 원리를 이해하고 나면,
투자만으로 부를 증가시킨다는 건
거의 불가능하다는 게 이해된다.

베이비부머 세대들은 세상 대부분의 가치저장수단,
주식, 부동산, 채권을 소유하고 있다.
따라서 아무것도 안 해도 화폐 증가량만큼 부를 보존하며,
아래 세대가 고심하며 1,000만 원을 수익 볼 동안,
앉은 자리에서 10억을 번다.

따라서 기존의 가치저장수단으로는
부의 서열을 뒤집기 어렵다.
그저 나의 가치에너지를 보존하는 데 만족하거나,
위 세대가 모르는 새로운 그릇을 찾아야 한다.

결국 종합해보면,
고대로부터 우리가 부자가 되는 방법은 변한 게 없다.
먼저 나 자신에게 가치를 저장하고,
그렇게 생긴 가치물을 좋은 그릇에 저장해야 한다.

중요한 건, 순서를 바꾸면 안 된다는 것이다.
인생은 체스게임과 같다.
한 번 한 번의 수가 모여 결과를 만든다.
인간의 눈으로 봤을 때, 삶은 온갖 불평등으로 가득 차 있지만,
신의 눈으로 봤을 때, 사람은 모두 자유의지를 갖고
스스로의 운명을 선택할 수 있다는 점에서 평등하다.

삶은 처음엔 비슷해 보여도,

다들 마음속에 다른 방향을 가지고 있다.

대부분의 사람들은 시간을 허비하고,

체크메이트 상황에 와서야 몸부림을 친다.

본인이 해답이 없다고 느낀다면, 사실 맞다.

대부분 해답이 없다.

미리 고민했어야 한다.

어렸을 때 노력을 안 한 걸 투자로 만회하려 하지만,

순서가 잘못됐다.

가정에 소홀했던 것을 늙어서 만회하려 하지만

마찬가지로 순서가 잘못됐다.

미래의 나를 사랑하는 사람은 희망을 갖고 살지만,

현재의 나를 사랑하는 사람은 미래의 나에게 증오를 남긴다.

사랑은 오래 참는 자의 것이며,

땀방울은 선하고,

사람의 선택은

전진하거나, 뒤처지는 것 외에는 존재하지 않는다.

나는 내가 알지 못함을 안다

구두 닦는 노인이 있다고 가정해보자.

노인은 어렸을 때부터 구두를 닦았다.

그는 구두를 닦고 닦아서,

돈을 많이 벌어 가난을 벗어나고 싶었다.

노인은 부자가 되기 위해 한평생 구두를 닦으면서,

매일같이 같은 자리에 나와 성실하게 일했지만,

검었던 머리가 하얗게 셀 때까지도, 가난을 벗어날 순 없었다.

세월이 지나 공장들이 들어서고,

사람들이 더 이상 구두를 닦지 않고,

새 구두를 사는 세상이 왔을 때에도

노인은 여전히 같은 자리에서 구두를 닦고 있었다.

그리고 그는 여전히 가난했으며,

아무리 열심히 일을 해도

자신의 노력을 배신하는 세상이 이해가 가지 않았다.

자, 대부분의 사람들은
왜 그 노인이 가난을 벗어날 수 없는지
이유를 알고 있을 것이다.
노인이 원하는 목적지(부)와

그가 달리는 방향(안주)이 다르기 때문이다.

아무리 열심히 달려도,

방향이 다르면 평생 목적지에 도착할 수 없다.

안타깝게도, 노인의 모습은 현대인을 비추는 거울이다.

많은 사람들이 자신이 가는 방향이 잘못됐다는 생각조차

하지 못한 채, 아무것도 없는 절벽을 향해 성실하게 달려간다.

다들 각자의 자리에서 최선을 다한다고 생각하지만,

이상하게도 돈을 벌면 벌수록 계속해서 가난해질 뿐이다.

만약 본인이 어렴풋이 목적지와 멀어지고 있다고 느낀다면,

당신에게 중요한 건 노력이 아니다.

제일 먼저 해야 할 일은 제자리에 멈춰서서

방향을 살피는 일이다.

현대의 평범한 직장인들,
사회 구성원들은 거의 다 비슷한 생각을 가지고 있다.
열심히 돈을 벌지만 딱히 모이지가 않는다.

적은 돈을 모아 태산을 만들어도
부동산 값은 이미 구름 위로 올라가 있다.
돈이 모이지 않으니, 미래에 대한 설계도 불분명해지며,
미래가 보이지 않으니, 열심히 일할 요인도 점점 사라진다.

사람들은 희망을 얻기 위해
오늘도 자산 시장을 기웃거린다.
그들에게 투자는 단순히 부에 대한 탐욕이나,
여가 활동이 아니다.
자신의 미래가 아직 정해진 건 아니라는 몸부림이며,
무기력한 삶의 실낱 같은 희망이다.

하지만 투자 활동을 하기에 앞서,
우리는 먼저 올바른 지식과 지혜를 가져야 한다.
우리에게 필요한 건
차트 분석이나, 경제학 용어, 지식, 회계 분석 같은 게 아니다.
그런 것들은 사람들의 시간과 희망을 잡아먹고,
특정인들의 배를 불리는 사회의 덫에 불과하다.
당신에게 중요한 건 방향을 잡는 방법을 아는 것이다.

사람들은 모두 서 있는 위치가 다르기에,
어떤 이에겐 좋은 조언이라도
어떤 이에겐 막다른 방향으로 인도하기도 한다.

서쪽으로 치우친 사람은 동쪽으로 가야 하지만,

동쪽으로 치우친 사람은 서쪽으로 가야 한다.

직업과 나이, 성별, 자산 규모, 가족, 배우자에 따라

자신에게 맞는 방향을 잡아내는 건,

오직 본인만이 할 수 있다.

저축을 해야 한다.

주식을 해야 한다.

부동산을 사야 한다.

정해진 법칙 같은 관념에서 벗어나야 한다.

우리는 기술과 사회의 변화에 맞춰서

적합한 투자를 해야 하는데,

대부분의 사람들은 부모님께 배우거나

남에게 들은 지식을 검증 없이 받아들이기 때문에,

이미 낡아서 적용되지 않는 지식을 엉뚱한 데 적용하곤 한다.

마치 스마트폰 시대에 전자사전을 만드는 사람처럼

인생의 귀중한 시간과 자원을 낭비한다.

특히 단기간에 초고속 경제 발전이라는, 세계에 유례없는

특이성을 갖고 있는 대한민국에서 살아왔기 때문에,

더욱더 잘못된 방향으로 접근하는 사람들이 많다.

대한민국은 1950년대 한국전쟁 이후로 모든 게 리셋된 나라다.

마치 아무것도 없는 순수한 물에다 기름을 한 통 부은 것처럼,

대한민국이라는 커다란 네트워크 안에서,

잘난 사람, 못난 사람, 똑똑한 사람, 멍청한 사람이

가난이라는 동질감으로

모두 같은 출발선에 서서 경쟁을 하게 된 나라다.

모두가 공평하게 가난하다는 건,

모두에게 기회가 있다는 말과 같다.

그때의 대한민국은 불안정하고 위험하고, 변동성이 컸지만,

동시에 많은 기회와 부의 사다리가 있었다.

그때의 대한민국은 비록 찢어지게 가난했지만,

열심히 일하고 저축하면 그 결과물들이

내 손에 남는 시대였다.

동시에 대한민국은 매년 10%에 육박하는

높은 경제성장률을

수십 년 동안 지속하였기에,

어느 정도 노력만 한다면 '평범한 삶'을 살아갈 수 있었다.

굳이 큰 위험을 감수하지 않고 안전하게 돈을 모아도,

집을 사고 가정을 이루고 아이를 기르는 게 가능한 시대였다.

그때는 분명 저축하는 사회가 맞았다.

하지만 시대가 흘러 1970년대를 기점으로,

미국이 급속도로 화폐 발행량을 늘려버렸다.

그리고 전 세계적으로 자산 인플레를 부추기기 시작했고,

당연히 우리나라도 그 영향 아래 놓이게 됐다.

점점 사람들이 저축보다 투자에 관심을 갖게 되면서

은행과 기업에 부실이 끼기 시작했고,

우리나라는 IMF의 직격을 맞으면서

사회구조가 완전히 변하게 된다.

금융 개방을 통해

우리나라에 외국자본이 본격적으로 유입이 되기 시작하고,

기업과 은행은 외국자본들의 약탈적 인수합병에

노출되기 시작했다.

비정규직이 생기고, 고용 안정성이 떨어지기 시작하며,

사람들의 소득이 줄기 시작하자,

정부는 점점 기업 육성을 통한 경기 부양보다는

부동산 부양을 통한 내수 부양에 집중하기 시작했다.

그리고 부동산의 상승은

당연히 상대적으로 저축하는 사람들,

연금을 가진 사람들을 가난하게 만들었고,

빠르게 자산 시장에 올라탄 사람들은 큰 리스크 없이

더 큰 부를 거머쥘 수 있게 되었다.

저축하는 사회가 아니라,

투자를 하는 사회로 넘어가기 시작했다.

설상가상으로 1980년대 중국의 개혁 개방 이후로,

중국과 산업 분야가 겹치는

우리나라는 성장 동력을 점점 잃게 된다.

빠른 산업화를 이룬 중국은 가격 경쟁력에서

우리나라를 압도하기 시작했고,

더 이상 대한민국은 서방 자본에게

중국 이상으로 매력적인 투자처가 아니었다.

성장이 꺾이니 내수가 죽고,

내수를 살리기 위해 다시 돈을 풀고,

그 결과 부동산이 오르는 악순환이 계속되었다.

우리나라의 성장률이 극적으로 꺾이기 시작한 건

2008년 미국에서 시작된 금융위기 이후부터다.

미국 은행과 기업, 정부의 방만한 경영은

결국 부채의 연쇄 폭발을 가져왔고,

미국 정부는 폭발을 막기 위해 또다시

전 세계적으로 돈을 풀기 시작했다.

전통적인 기업 경영 방식으로 이득을 내는

기업들이 점점 사라지고,

기업들 간에도 양극화가 심화되며,

실제 물건을 팔아 돈을 버는 것보단,

금융 소득으로 이익을 메꾸는 기업이 많아지기 시작했다.

금융 투자, 부동산, 주식을 하는 사람들과

그렇지 않은 사람들과의 차이가 점점 선명해지기 시작했다.

그때는 저축보다 부동산과 주식을 하는 게 맞았다.

하지만 또다시 변화가 생기기 시작했다.

주식과 부동산 시장 안에서도

점점 자산의 양극화가 심화되기 시작했다.

인터넷과 SNS는 정보 접근성의 평등을 가져왔다.

밀실에서 그들끼리 공유하는

내부자 정보는 희소해지기 시작했다.

누구나 약간의 노력만 기울이면

전문가의 입지 분석, 기업 분석,

어디가 저평가되고, 어디가 고평가돼 있는지까지

손바닥 보듯이 알 수 있게 되었다.

분명 기술은 편리해졌지만,

덕분에 평범한 사람들의 기회도 사라지게 되었다.

예전같이 발로 뛰는 부동산 임장이나,

흙 속의 진주 같은 기업을 재무분석을 통해

발굴해내는 시대는 저물어갔다.

정보가 귀하던 시절엔 정보의 우선권을 쥐는 자가
기회를 잡을 수 있었지만,
이제 모두에게 같은 정보가 주어졌기에,
더 이상 뜻밖의 기회도 생기지 않았다.

현재 우리나라 모든 사람들은 강남 부동산이
가장 좋은 투자처라는 걸 알고 있다.
정보는 같지만 수량이 한정되어 있기 때문에,
가격으로 입장권을 제한해버렸다.
수십 억 원의 가격을 메꿀 수 있는 신용이나 소득,
혹은 부유한 부모를 가진 자만이
먼저 우량 자산에 엉덩이를 깔 수 있게 되었고,
자산 시장에도 양극화가 뚜렷해지기 시작했다.

금융시장이 전 세계적으로 상호 연결되면서
미국의 금융시장은 전 세계의 잉여 자본을 빨아들이게 되었고,
나머지 국가의 금융시장들은 상대적으로
점점 수익률이 떨어지게 되었다.
기존의 금융자산 투자로 부자가 될 수 있는 시기가
점점 저물기 시작하면서,
우리 사회는 지속 불가능한 사회로 전환되고 있다.

옛날엔 저축이 맞았지만, 지금은 틀리다.

이러한 일련의 변화들은 다양한 요인이 작용하여
일어나는 것 같지만, 크게 보면 무척이나 단순하다.
바로 모든 사회, 정치, 경제, 자산, 인간의 양극화다.

물과 섞인 기름이 서로 갈라져 제자리를 찾아가듯이,
세상을 지배하는 엔트로피의 법칙에 의해
더 이상 상승도 없고 하강도 없는,
썩어가는 저수지로 변하고 있다.

옛날엔 거의 리스크를 지지 않고,
저축만 해도 부자가 될 수 있었다.
십수 년 전까지만 해도 약간의 리스크를 지고,
부동산이나 주식을 하면 부자가 될 수 있었다.
얼마 전까지만 해도 상당한 리스크를 지고,
영혼을 끌어다 강남에 집을 사면 부자가 될 수 있었다.
현재는, 영혼을 팔아도
사다리를 올라갈 길이 잘 보이지 않는다.

사다리가 없어지면 사회가 붕괴된다.
열심히 일해도 평생 그 자리에 있어야 하는 사회라면,
그 누구도 더 이상 일할 동기를 부여받지 못한다.

저축과 투자가 힘을 잃어가는 사회 속에서,
누군가에게 투자 조언을 한다는 건 쉬운 일이 아니다.
왜냐하면 대부분의 사람들은
강남 부동산을 살 재력이 없으며,
우상향하는 ETF에 수억 원의 돈을 넣어놓고
잊어버릴 수 있는 수준의 근로소득이 없기 때문이다.

그렇다면 더 이상
젊은 세대에게 부의 사다리가 존재하지 않는 것일까?

그렇지 않다.

모든 시기에는 다 저마다의 기회가 있다.

많은 사람들이 모르고 있지만
우리는 지금, 100년에 한 번 오는
커다란 변화의 한가운데에 서 있다.

먼저 깨닫는 사람만이
자신의 바로 앞에 있는 부의 사다리를 오를 수 있다.
수많은 선택지 중에,
어떤 게 자신을 위한 사다리인지를 분별할 지혜가 필요하다.
그 시작은, 아는 것으로부터 출발한다.

경제적으로 양극화되고, 성실성도 힘을 잃고,
정보도 모두 오픈되어 이변이 일어나지 않는 사회에서는
남보다 한두 발이 아니라 서너 발 앞서 나가는 통찰만이
오로지 유일한 사다리가 된다.

부디, 이 글이 각자의 인생에서 문제를 맞닥뜨린 이들에게
의미 있는 글이 됐으면 한다.

당신은 어떻게
인생을 살 것인가?

3부 엔드게임: 지혜

인생 후반부에 생각해야 할 것들

· 그 어떤 투자보다 우선해야 할 건 가족이라는
  가치저장수단이다.
· 사회적 정체성을 지우고 나서 당신에게 남는 것은
  무엇인가?

2부 미들게임: 지식

**자산을 모으기 시작하여
투자 시장에 들어갈 때까지**

· 자신의 가치를 높이다 보면 자산은 자연스럽게 쌓인다.
· 모든 자산은 썩는다는 고민에 맞닥뜨린다.
· 어느 그릇에 자산을 옮겨 담을 것인가?

1부 오프닝: 가치관

어린 시절부터 사회에 나가기까지

· 핵심은 노동의 가치를 높여 가치저장수단에 담는 것이다.
· 가장 먼저 해야 할 일은 마음속 저울을 0점에 맞추는 일이다.

차 례

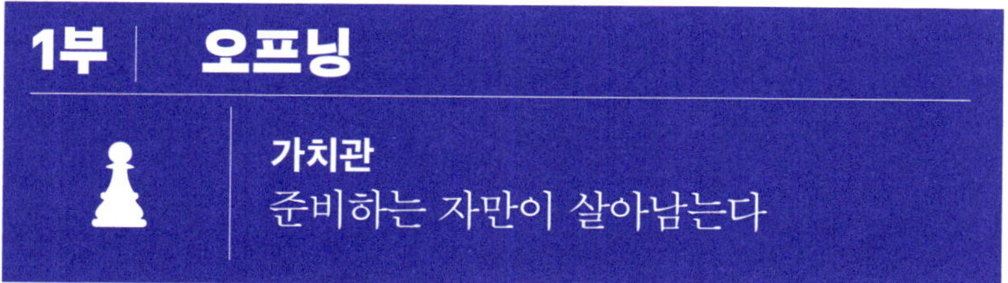

3부 ┃ 엔드게임

지혜
노인의 지혜를 탐하라

1부 | 오프닝

가치관

준비하는 자만이
살아남는다

체스는 게임의 진행에 따라

오프닝, 미들게임, 엔드게임으로 구분된다.

각 단계별로 명확한 구분이 있는 건 아니지만,

결국 오프닝, 미들게임에서 나온 실수들이

엔드게임에 영향을 끼치고, 게임의 승패를 결정한다.

따라서 무언가 잘못된 수를 뒀을 땐

그 순간의 문제가 아니라,

이전부터 쌓아왔던 잘못된 수로 인한 총합의 결과이다.

이것은 사람의 인생과 다르지 않다.

우리가 놓는 잘못된 수들은

순간의 결과가 아니라,

인생의 잘못된 선택들의 총합이다.

그렇다면 문제를 해결하기 위해 중요한 건

먼저 문제가 무엇인지 인지하는 것,

전체적인 삶의 복기를 통해 문제의 뿌리가 어디부터

시작되었는지를 찾아내는 것이다.

인생의 오프닝은

내 안에 무언가를 쌓는 것이다.

말로 표현할 수 있는 모든 것 중에,

남들이 가치가 있다고 생각하는 모든 걸 내 안에 담는다.

그것을 소홀히 한 사람들은

다음 단계에서 필연적인 문제들을 맞닥뜨린다.

가치관이 인생을 결정한다

고등학교 1학년 때,

쉬는 시간이면 교실 뒤에서 춤 연습을 하던 친구가 있었다.

그 친구는 그다지 춤을 잘 추지 못했고,

어렸던 나는 그걸 보며 속으로 내심 비웃곤 했었다.

나는 매우 염세적인 아이였기에,

남을 인정하는 걸 그다지 좋아하지 않았다.

아마도 남을 인정하는 순간,

내 머릿속을 지배하는 보잘것없는 방어기제가

깨질까 두려웠기 때문이었을 것이다.

그리고 시간이 흘러 고등학교 3학년 때

전교생이 수련회를 가게 되었는데,

나는 그때 장기자랑 무대 위에서 춤을 추는

그 친구를 보고 큰 충격을 받았다.

그 친구는 불과 2년 만에 모두의 박수를 받을 만큼

멋있는 무대를 만들어냈고,

단순히 공연의 훌륭함을 떠나서,

그 장면은 내 마음의 치부를 들추고

날카롭게 파고들었기 때문이다.

그 친구가 땀을 흘린 2년이란 시간 동안,

나는 아무것도 하지 않았다.

나는 그의 미래를 보지 않고, 현재를 비웃었으며,

단지 내가 아무것도 하지 않을 근거로 삼았다.

나의 비웃음은 내가 멈춰 있을 때,

세상도 같이 멈춰 있길 바라는 간절함이었을 뿐이다.

그 사건 이후로, 내 머릿속에선 무언가가 바뀌었다.

떨어지는 낙엽에서도 긍정적인 무언가를 찾기 시작했다.

누군가의 작은 노력에도 감동하기로 했다.

왜냐하면 감동은 나를 바꾸고,

비판은 나를 제자리에 멈춰 있게 만들기 때문이다.

돌이켜보면, 그 순간이 내 인생에 있어서

많은 게 결정된 하루였다.

그 하루가, 수십 년을 바꿨다.

어렸을 때 배운 가치관은

인생의 많은 것을 결정한다.

사람들이 흔히 말하는 불행이란 것도,

사실은 여기서부터 조금씩 뻗어나온 가지의 일부일 뿐이며,

행운 또한 마찬가지다.

돈에 이자가 붙듯이,

노력에도 이자가 붙는다.

당신이 10살 때 노력한 1년은, 90년을 써먹을 수 있지만,

당신이 50살 때 노력한 1년은, 50년의 기한밖에 남지 않는다.

따라서 어린 시간의 10년은

앞으로의 30년, 40년보다 상대적으로 가치 있다 말할 수 있다.

똑같은 원리로

당신이 어렸을 때 만들어진 가치관은

앞으로 수십 년 동안 당신의 모든 행동을 지배하므로,

수십 년간 당신 인생의 모든 변화를 이끌어낼 것이다.

좋은 가치관은

나침반이며,

저울이고,

세상을 읽는 눈이 된다.

가치관은 나침반이다

당신은 어렸을 때 분명히 배웠을 것이다.

거짓말을 하지 마라.

맞다.

당신은 거짓말을 해서는 안 된다.

이건 단순히 도덕적 잣대를 들이대는 건 아니다.

거짓말은 당신의 인생을 복잡하게 만든다.

거짓말이 습관처럼 굳은 당신은

연인, 친구, 상사, 부모, 부하, 그저 스쳐 지나가는

당신에게 중요하지 않은 사람들까지

모든 사람을 대할 때마다 새로운 가면을 써야 한다.

그건 필연적으로 비효율을 만들어 낸다.

당신은 매번 어떤 사람에게 했던 거짓말을 기억해야 하고,

거짓말을 해야 할 사람과

하지 말아야 할 사람을 구분해야 한다.

머릿속은 쓸데없는 연산을 위해 낭비되고,

인생은 복잡한 실타래처럼 꼬여버린다.

그 대가는 시간이 지남에 따라 이자가 붙고,

어딘가에서 둑이 무너지듯이 당신의 평판을 무너뜨리고,

인생을 파멸로 몰아넣는다.

내 친구 중 하나는, 결혼 전 자신의 빚을 아내에게 숨겼다.

그의 결혼 생활은 재정 적자를 들키지 않기 위한

투쟁의 연속이었다.

정신적 압박감은 판단력을 흐리게 만들었고,

잘못된 투자에 손대는 결과로 인도했다.

그는 투자를 하기로 마음먹은 시점이

불행의 시작이라고 믿고 있지만,

아마도 그 시작은 어렸을 때의

사소한 거짓말로부터였을 것이다.

우리는 항상 진리를 기억해야 한다.

복잡함은 단순함을 이길 수 없다.

복잡한 디자인의 컵은 보기엔 예쁘지만,

세척이 어렵고 세균이 번식하기 쉽다.

복잡한 설계의 기계는 기능은 많을 수 있으나,

고장이 잘 난다.

거짓말을 하지 않는다는 건, 인생을 단순하게 설계하는 것.

그리고 그 과실은 평생에 걸쳐 천천히 수확되며,

단언컨대 일시적 거짓말로 이득을 얻은 것보다

장기적으로 더 큰 수익을 가져온다.

당신은 남 탓을 해서는 안 된다.

누가 잘하고 잘못하고는 절대 중요한 문제가 아니다.

어떤 억울한 일이나 불행한 일조차도,

당신의 인생을 도약시키는 더 큰 기회로 만드는 방법은

바로 문제를 자신에게서 찾는 것이다.

자신을 뜯어먹는 친구를 만나면,

사람 보는 눈을 배울 수 있다.

자신과 맞지 않는 상사를 만나면

참고 인내하는 법을 배울 수 있다.

세상 모든 현상들은 당신의 스승이 될 수 있고,

행운이 될지 불행이 될지는

당신이 받아들이는 방식에 따라 결정된다.

나는 어렸을 적 학생 때, 주식 투자를 하다가

크게 돈을 잃은 적이 있다.

어린 나에겐 꽤 큰 돈이었기에 며칠 동안 잠을 못 자고 설쳤다.

그러다 불현듯 좋은 생각이 떠올랐다.

나는 잃은 돈이 복구될 때까지 운동을 하기로 했다.

잠이 오지 않을 땐, 일어나서 몸을 움직였다.

잃은 돈은 나의 건강을 위한 비용으로 치환되었고,

그렇게 손실이 복구되는 1년 동안

돈보다 더 중요한 걸 얻게 되었다.

상대방의 미숙함 속에서도 그 사람의 노력을 찾아내고,

스쳐 지나가는 작은 배려에도 감동하며,

자신을 변화시킬 방법을 찾아냈다.

누군가를 질투한다면, 질투를 상승의 원동력으로 바꾸고,

실패는, 더 중요한 걸 얻기 위한 연료로 삼는다.

남 탓을 하지 않는 건 단순한 태도의 문제가 아니라,

인생을 성공으로 이끄는 가장 중요한 무기가 된다.

당신은 선한 길을 가야 한다.

선한 길은 어떤 순간에는 손해 보는 것 같다가도,

그 길을 따라가다 보면

돈보다 더 중요한 걸 보는 눈을 갖게 된다.

당신은 하나의 주식회사이자, 가치저장수단이다.

회사는 사람들의 신뢰를 얻어야만 물질적 이득을 얻을 수 있다.

따라서 회사는 고객들에게 신용을 얻기 위해

수십 억 원의 돈을 들여서라도 기업 가치, 사회적 평판을 쌓아간다.

그리고 이 회사의 물건을 사면,

손해를 보지 않는다는 믿음을 심어 준다.

그와 마찬가지로 남에게 보여지는 당신의 선한 선택은

사람들에게 당신이라는 회사에 투자하면,

손해 보지는 않을 거라는 믿음을 준다.

당신의 내면적 가치를 이해하는 사람들은

당신의 곁으로 모이고,

어느새 당신 주변에는 내면이 꽉 차 있는 사람들로 채워진다.

당신에게 중요하지 않은 사람에게도 친절을 베풀다 보면,

위기의 순간에

당신에게 투자해줄 새로운 투자자를 찾을 수 있다.

선함은 보험이며, 투자고,

남들이 당신을 보는 믿음의 척도가 된다.

이 작은 가치관은 길게 뻗고 뻗어서,

회사에서 당신의 평판,

사업할 때의 수많은 기회,

그리고 좋은 배우자가 당신을 선택할 근거가 된다.

어렸을 때 가치관을 바꾸는 건 쉽지만,

나이를 먹음에 따라 가치관은 단단한 뿌리처럼

당신의 머릿속에 박혀 움직이지 않는다.

하지만 결국 생각이 바뀌지 않는다면,

아무리 많은 공부와 지식을 쌓은들

잘못된 선택을 내리게 된다.

때문에 변화의 시작은 바로 머릿속부터,

가장 근원적인 부분부터 시작되어야 한다.

당신이 원하는 걸 이루는 순간은

그것이 눈앞에서 실현되는 순간이 아니라,

머릿속으로 굳게 마음먹은 그 순간부터다.

 **핵심 지혜**

- 내 안에서 문제를 찾는 건 인생을 도약시키는 기회를 만든다.
- 선한 길은 돈보다 더 중요한 걸 가져온다.

돈이라는 상수와 마음속에 있는 가치관

세상에서 일어나는 모든 현상은 다 거래다.

물건을 사고파는 것만 거래가 아니라,

우정이나 신뢰, 사랑 같은 감정도

서로 무언가를 주고받는 거래의 일종이다.

단지 돈처럼 눈에 보이지 않기에, 계산하기가 힘들 뿐이다.

따라서 인생이 잘 풀리는 사람들은 거래를 잘한다.

좋은 기업은 돈으로 신뢰를 사기도 하고,

혹은 명예를 사기도 한다.

똑똑한 사람은 돈과 물질이 최종 목적지가 아니라,

필요한 무언가를 교환하기 위한 중간 역이란 걸 안다.

뭐가 더 중요하고 중요하지 않은지를 알아야,

성공적인 거래를 할 수 있다.

그리고 그 기준이 되는 것이 바로, 저울이다.

48

우리가 쓰는 저울은 두 개가 있다.

눈에 보이는 돈과, 마음속 가치관이다.

화폐가 타락하면, 사회도 타락하며,

사람들은 계속해서 잘못된 거래를 통해 부를 빼앗긴다.

역사적으로 이런 예는 무수히 많다.

대항해시대 아프리카에선 유리구슬을 화폐로 사용했다.

유럽에선 유리구슬을 쉽게 구할 수 있었으므로,

유리구슬을 가져다주고, 아프리카의 더 귀한 자원을 가져왔다.

잘못된 거래는 한쪽을 부유하게, 한쪽을 가난하게 만들었다.

사실, 그들이나, 현대인들이나 별 다를 바는 없다.

단지 유리구슬보다 정도가 덜할 뿐이지

저울의 계기판이 끊임없이 조작되고 있는데도,

사람들은 저울을 조작하는 손을 보지 않고,

오로지 계기판만 보며 소리를 지른다.

사람들은 집값이 오른다며, 문제를 해결하라고 소리 지르지만,

아무도 저울을 고칠 생각은 하지 않는다.

돈은 직관적이다.

따라서 대부분의 사람이 가치관보단, 든이라는 저울에 휘둘린다.

저울의 한쪽에 압구정 현대아파트를 닫면,

반대편엔 약 80억 원 정도의 돈이 놓인다.

반면 가치관은 눈에 보이지 않으며, 모호하다.

하지만 돈보다 훨씬 중요하다.

가치관이란 저울은 돈보다 훨씬 더 자즈 쓰이며,

하루에도 수천 번 작동하여,

필연적인 목적지로 안내한다.

가치관이 잘 정립되어 있으면,

아무리 돈이라는 저울이 고장 나 있어도, 잘 속지 않는다.

사회는 돈이라는 저울의 눈금을 속이고,

가치관이라는 저울을 마비시킨다.

사람들은 세뇌당했다는 사실조차 인지하지 못한 채,

계속해서 본인에게 손해 보는 거래를 체결해나간다.

사회의 가치관이 타락하면,

사람들은 훨씬 즉흥적이고 쾌락적이게 되며,

미래에 대한 대비보단 현실의 즐거움과 만족을 좇게 된다.

자신의 한 달 급여만큼의 돈을

한 방의 해외여행으로 탕진한 후,

만족스러운 거래였다고 자위하기도 하고,

플라스틱 쪼가리와 천 쪼가리들이

가족을 만들고 자손을 만드는 것보다

더 가치 있다고 믿기도 한다.

자신이 고칠 수 있는 것,

바로 자기 자신에 집중하는 게 아니라,

고칠 수 없는 것, 사회에 집중한다.

무엇보다 자신에 대한 가치 판단이 고장 나기 때문에,

자신이 어느 정도 수준의 사람인지조차,

자신이 뭘 모르고 있는지조차 파악하지 못한다.

사회가 이상적이고 발전적인 방향으로 나아가기 위해선

두 가지 저울이 올바르게 작동되어야 한다.

내가 가진 가치물과 남의 가치물이

내적 가치에 맞게 교환되어야만

남들을 위해 더 가치 있는 걸 만들어내려 노력하고,

남을 이롭게 하려 한다.

하지만 저울이 고장 난 사회에서는

사람들은 힘들게 좋은 가치물을 만드는 데

시간을 투자하기보다는,

당장 편한 방법, 남을 속이는 길을 선택한다.

원래 대부분의 사람은 거래 방법을 정할 때,

가장 효율적인 방법을 선택한다.

사기가 효율적이라면,

폭력이 효율적이라면,

더 효율적인 걸 고른다.

돈이라는 저울이 고장 나면

금융 지식이 부족한 사람들은 가치의 척도가 자꾸 어긋나므로,

잘못된 판단을 하고, 손해 보는 거래를 자주 하게 된다.

물질적 부를 빼앗기고,

가난의 굴레에서 빠져나오기 힘들게 된다.

가치라는 저울이 고장 나면, 문제는 더 심각해진다.

사회는 온갖 가짜와 허례허식이 넘쳐흐르기 시작한다.

사회는 점차 더 쉽게 속일 수 있는 사회가 되므로

부가 한쪽으로 편중되며 양극화가 심화되고,

모든 분야에서 타락이 심화된다.

기업은 더 즉흥적인 것만 생산한다.

기자는 더 자극적인 기사만 생산한다.

방송은 더 쾌락적인 것만 생산한다.

정치인은 더 눈에 보이는 공약을 내거는 자만 당선된다.

돈이라는 저울은 상수다.

이것은 개인이 건드릴 수 없으므로,

우리가 고칠 수 있는 저울은 우리 머릿속뿐이다.

머릿속 저울은 우리의 의지로 고칠 수 있다.

아무리 화폐라는 저울이 고장 나 있어도,

머릿속 저울이 제자리를 잡으면,

시간의 흐름에 따라 인생은 제자리로 돌아온다.

 **핵심 지혜**

- 사회가 회복되기 위해서는 돈과 개인의 가치관이라는 두 개의 저울이 먼저 올바르게 작동해야 한다.
- 가장 먼저 할 수 있는 건 내 머릿속에 있는 가치관을 바꾸는 일이다.

가치관은 세상을 읽는 눈이다

세상엔 너무 많은 정보가 넘쳐난다.

현재 세상의 1일 정보 생산량은

한 개인이 평생을 들여도 습득할 수 없을 만큼 방대하다.

하지만 안타깝게도, 그 정보들의 대부븐은 쓰레기에 불과하다.

왜냐하면, 진짜 정보는 생산 단가가 비싼 데 반해,

가짜 정보는 생산 단가가 말도 안 되게 싸기 때문이다.

예를 들어, 당신은 끌리는 이성에게

자신이 성실하고 거짓말을 하지 않으며,

심성이 착한 사람이라는 정보를

대화 속에 녹여 제공할 수 있다.

이 정보가 진실인지 검증하기 위해서는

많은 에너지와 시간이 필요하다.

그것이 진실이든 거짓이든지 간에,

검증이 완료될 때쯤엔 당신은 당신이 원하는 대로

상대와 연인이 될 수도 있다.

혹은 배우자가 되어,

평생을 원수와 한집에서 살게 되기도 한다.

이것이 바로 가짜 정보가 가지는 힘이다.

당연히 사람들은

가짜 정보로 자신이 원하는 바를 성취하려 한다.

굳이 진짜 정보를 생산할 유인이 부족하고,

그렇기에 세상은 가짜 정보의 홍수 속에 파묻혀 있다.

사람들은 모두 자신을 표현할 때 그럴듯한 말을 하지만

제대로 된 정보가 아니라,

상대방이 나를 '그렇게 생각해줬으면' 하는

가짜 정보들로 가득 차 있다.

그 안에서 진짜 정보를 끄집어내는 건,

오직 당신의 가치관만이 할 수 있다.

가치관은 진실과 거짓을 판별하는 당신의 마음속 창이다.

무엇이 진짜고, 무엇이 거짓이며,

무엇이 당신에게 도움이 되고, 무엇이 당신에게 해가 되는가.

진짜와 가짜를 가려낼 가치관이 없다면,

당신은 필요도 없는 수많은

정보를 탐독하며 인생을 허비하게 된다.

단언컨대, 수십 페이지짜리 논문, 투자 리포트,

혹은 당신이 수년간 쌓은 지식보다

'약속을 지켜라' 같은 한 문장의 진리가

당신에게 수천 배의 이득을 가져다준다.

당신이 누군가를 만난다고 가정해보자.

사람을 만날 때, 가짜 정보의 신호는 다양한 곳에서 온다.

예를 들어, 약속 시간을 지키는지를 통해

남에 대한 존중심을 엿볼 수 있으며,

싫은 사람을 어떻게 대하는지를 보고,

나와 틀어졌을 때 어떤 사람이 될지 알 수 있다.

약속 장소를 정할 때 자신과 가까운 곳에 잡는지,

혹은 상대방과 가까운 곳에 잡는지에 따라

남에 대한 배려심을 알 수 있고,

같이 있을 때 스마트폰을 자주 보는지에 따라

가정에서 어떤 교육을 받고 자랐는지 예상해볼 수 있다.

대화를 할 때 상대방의 취향에 맞춰주는지,

혹은 어색함을 깨려 노력하는지 여부를 보고,

그 사람이 내 앞에 인간 대 인간으로서 앉아 있는지,

혹은 면접관으로 앉아 있는지를 판단할 수 있다.

가치관이 어긋나 있다면,

이런 무형의 신호는 그저 소음이 돼버린다.

안타깝게도 사회의 가치관이 타락할수록

사기꾼들이 가짜 정보를 생산함으로써

얻을 수 있는 이득이 더 커지며,

따라서 가짜 정보를 생산할 메리트는 더더욱 커진다.

사회에 흘러넘치는 온갖 프로파간다와 사상들은

그저 당신의 무료함과 지적 허영심을 채워주고,

당신의 기회비용, 시간, 에너지를 뺏어가기 위해 만들어진다.

따라서 고장 난 사회를 고치려면

정치와 경제 이전에, 가치관의 회복이 필요하며,

그 변화는 대통령실이나 국회의사당에서 만들어지는 게 아니라,

각자의 머릿속에서부터 시작된다.

만약 당신의 인생이 어딘가 어긋나고 있다고 느낀다면,

그건 그저 당신의 가치관이 고장 나 있다는 신호에 불과하며,

당신은 당신의 인생을 고치기에 앞서,

먼저 생각하는 방향, 가치관을 고쳐야 한다.

나에게 투자하는 법,
기술 중심으로 사고하라

학생은 자신의 몸에 미래를 위한 가치를 담는 기간이다.

이는 주식이나 부동산 투자와 본질적으로 다르지 않다.

내 안에 장차 몇 십 년을 지탱해줄 수 있는 가치물을 담는 것,

다른 말로는 사회가 원하는 걸 내 안에 쌓아가는 것이다.

하지만 대부분의 사람들은 제도적 틀에 정형화된 채,

본질보다는 학업 그 자체에 목적을 둔다.

우리는 필요한 사람이 되기 위해 학업을 쌓는 것이지,

그저 학위를 따기 위해 공부하는 것이 아니다.

학생들과 부모들은 세상의 변화를 인지해야 한다.

수십 년 전과 비교해봤을 때,

좋은 학위를 가지고 있다 해서

더 이상 커다란 변별력을 가지지 않는다.

양극화로 인해서,

취업과 창업으로써 학위의 가치가 폭락했기 때문이다.

이런 사회적 변화에 비해

제도적 변화는 늦고,

모두가 문제를 인식했을 때는

이미 너무 늦어 있다.

따라서 세상의 변화를 인지하고,

자신의 노동력을 어떤 시장에 투자할지 스스로 정해야 한다.

자신의 노동력을 향상시키기 위해선,

모든 일을 기술 중심으로 사고해야 한다.

어떤 시대든지 간에,

엄청난 부의 기회는

모두 새로운 기술로부터 발생했기 때문이다.

아무것도 정립되지 않았던 원시시대를 생각해보자.

인간이 처음 초원 위에 태어났을 때,

인간은 동물들과 큰 차이가 없었다.

발톱도 없고, 달리기가 빠르지도 않았지만,

인간은 끊임없이 기술을 발전시켜

다른 동물들과 차별성을 만들어갔다.

발톱을 대신하기 위해 돌로 된 무기를 만들고,

멀리서도 사냥을 할 수 있는 창을 만들고,

추위를 이겨내기 위해 가죽으로 옷을 만들며

조금씩 사냥 효율을 늘려나갔다.

같은 시간 안에 훨씬 큰 생산성을 낼 수 있는 농사를 짓거나,

혹은 자신의 노동력 없이도 사냥할 수 있는 덫을 개발하면서,

드디어 동물과 비교할 수도 없는 부의 격차를 만들게 되었다.

우리가 당연하게 쓰고 있는 많은 기술은

그 기술이 처음 세상에 등장했을 때,

인간의 생활 양식을 완전히 바꿔놓았다.

원시 인류는 불을 통제하고 활용하기 시작했다.

우리는 불을 당연한 듯이 쓰지만,

그 당시에 불은 엄청난 하이테크 기술이었다.

불이 기술이라 하면 의아하게 생각할 수도 있지만,

애초에 기술의 본질은, 자연의 에너지를

인간이 써먹기 좋은 형태로 가공하는 것을 말한다.

그런 면에서 불은 자연의 에너지를 인간이 쓰기 편한 형태의

대량 에너지로 바꿔주는 최초의 채널링 기술이었다.

인간은 동식물로부터 에너지를 섭취하는데,

날것을 소화시키는 데는 신체적 에너지가 많이 소모되었다.

하지만 불을 이용하면,

인간 외부에서 소화시키기 편한 형태로 바꿔서
섭취할 수 있었다.

소화에 들어가는 에너지가 줄자,
뇌에 더 큰 에너지를 쓸 수 있게 됐고, 뇌가 발달했다.
불은 나무를 에너지원으로 삼아 인간의 추위를 물리쳐주고,
짐승과의 싸움에서 승리를 안겨주기도 했다.
수십 년간 나무에 축적된 에너지는
불이라는 기술을 이용해,
인간이 사용할 수 있는 에너지로 채널링되었다.

인간은 짐승을 부리는 기술도 배우기 시작했다.
가축화된 짐승들은 인간이 할 일을 대신하며
인간의 삶을 한 단계 풍요롭게 만들어주었다.
밭을 갈고, 빠른 속도로 이동하고, 물건을 옮기며,
인간으로선 상상도 할 수 없는 에너지 효율을 만들어줬다.

만약 가축이 없었다면 어떤 세상이 왔을까?
아메리카 대륙의 아즈텍 문명이나 잉카 문명에는
가축화시킬 짐승이 없었다.
따라서 바퀴도 존재하지 않았고, 수송도 없었으며,
대규모 상거래도 없었다.

그 결과 유럽과의 문명 격차는 1000년 이상 차이가 나 버렸다.

기술이 발전하지 않는 문명은

자연에서 에너지를 얻을 수 없으므로, 서로를 잡아먹는다.

그들은 서로를 노예로 부리고, 잡아먹었다.

영국에선 에너지 혁명이 일어났다

석탄이라는 자연의 에너지원을 기계에너지로 전환시키고,

더 빠른 속도로 열교환을 하기 시작했다.

짐승으로 옮길 수 없는 무거운 화물도

원거리 이동이 가능해졌다.

록펠러Rockefeller는 정유 공장을 차리고 대중화시키면서,

자동차의 시대를 이끌어냈다.

자연의 에너지는 많이 소모되었지만,

인간은 과거에는 상상도 할 수 없는

먼 거리를 이동하며 살게 되었다.

카네기Carnegie는 강철을 만들어냈다.

강철은 놀랍게도 시멘트와

완벽히 동일한 열팽창계수를 갖고 있다.

드디어 인간이 20층 이상의 건물을 지을 수 있게 되었다.

한정된 땅의 공중에다 새로운 땅을 창조해냈다.

강철의 발명은 건물을 높게 만들었고,

도시에는 수십만 명이 살게 되었고, 땅값을 올렸고,

마치 반도체가 점점 집적되며 효율이 올라가듯이
더 효율적인 열교환이 가능한 대도시를 만들어냈다.

기술 중심으로 사고하고 활용하지 않는다면,

스스로를 동물의 사고 안에 가둬둔다고 할 수 있다.

분명 과거에도 새로운 기술이 개발되었을 때,
이를 인지하지 못하거나, 알고도 스스로의 아집에 갇혀
받아들이지 못한 사람들이 있었을 것이다.
누군가는 구시대적 사고에 갇혀 창을 들고
한 마리의 물고기를 잡았을 테고,
누군가는 정성스럽게 어망을 짜서
수십 마리의 물고기를 잡았을 것이다.

기술에 따른 노동의 격차는 현대사회에서도 다르지 않다.
특히 현대사회는 물리적 한계에 갇혀 있던 아날로그 시대에서
완전한 디지털 시대로 넘어가는 과도기이기 때문에,
모든 걸 디지털 중심으로 사고해야 한다.

아날로그 시대는 물질 안에서의 세상을 의미하며,

디지털 시대는 컴퓨터 안의 1과 0으로 만들어진 가상 세계이다.

디지털 세상 속에서 상거래를 하며,

디지털 화폐로 거래를 한다.

인간의 만남도 땅의 한계를 초월하여

디지털 세상 속에서 이루어진다.

종국에는 VR과 AR의 발전으로

인간의 오감이 디지털 세상 속으로 넘어간다면,

인간은 드디어 물질 세상의 한계를 넘어 물리적 한계가 없는

디지털 세상 속으로 완전한 이주를 하게 될 것이다.

이것은 더 편하고, 강하고, 빠른 걸 추구하는

인간의 본성에 따른 필연적인 흐름이다.

예를 들어, 요식업을 한다고 가정을 해보자.

아날로그 시대의 요식업은 직접 발로 뛰어서 임장을 다니며

자리를 물색하고, 간판 가게에 간판을 의뢰하고,

인테리어를 하고, 두 발로 뛰며 전단지를 돌려 가게를 홍보했다.

그리고 찾아오는 손님에게 잘해주면,

입소문이 퍼지며 손님이 유입되었다.

하지만 디지털 시대의 요식업은 다르다.

작은 구멍가게를 차려도 브랜딩을 할 수 있으며,

스토리와 이미지를 씌울 수 있다.

과거엔 브랜딩 비용이 많이 들었기 때문에,

전문적인 브랜딩은 기업들의 전유물이었지만,
디지털 플랫폼의 발달로, 이제는 누구나 저렴한 비용으로
로고를 디자인하고, 스토리를 부여할 수 있게 되었다.
또한 직접 발로 뛰어다니지 않아도,
신용카드 회사의 매출 정보로 어느 지역에 어느 업종의
매출이 높은지 알 수 있으며,
온라인 마케팅을 활용하면,
똑같은 시간과 에너지를 들여서
10배, 100배의 사람들에게 홍보를 할 수 있게 되었다.

기술을 적극적으로 활용하면,
자본주의 시장경제에서 훨씬 유리한 고지를 점할 수 있다.
얼마 전 코로나19가 터졌을 때도, 많은 음식점들이 망하는 와중에
살아남은 가게들은 기술을 적극적으로 활용한 가게들이었다.
비대면 정책으로 손님들과의 연결이 차단돼버렸고,
대부분의 사람들이 봉쇄가 풀리기만을 기다리는 동안,
어떤 가게들은 배달 플랫폼이라는 신기술을 활용하여
적극적으로 사업 방식을 전환했다.

대부분의 사람은 발전된 디지털 기술을
그저 소비하며, 즐기는 데만 사용한다면,
어떤 사람들은 디지털 기술을 만들어내고,
혹은 만들어내지 않더라도 그것을 활용하여

자신의 가치를 높여나간다.

세상은 항상 빠르게 변화한다.

기술의 발전에 일찍 올라탄 자들은,

남들보다 훨씬 빠른 속도로

부를 축적할 수 있게 되었다.

따라서 노동을 효율화시키는 가장 좋은 방법은

앞으로 어떤 기술이 세상을 변화시킬지

꿰뚫어보는 눈을 키우고,

그 산업의 중심에 나의 몸을 투자하는 일이 될 것이다.

우리는 목적을 잊어서는 안 된다.

학업의 목적은 좋은 대학에 가는 것이 아니라,

사회에 필요한 사람이 되어 노동의 가치를 올리는 것이다.

노동의 가치를 올리는 목적은

돈이나 자산을 모으기 위한 것이 아니라,

가족이라는 울타리를 지키는 힘을 기르기 위한 것이다.

돈이나 자산을 모으는 목적은

남들보다 우월한 위치에 있기 위한 것이 아니라,

건강을 잃거나 예기치 못한 불행이 닥쳤을 때

이겨낼 수 있는 보험 수단을 만드는 것이다.

가족을 만드는 목적은

남에게 인정받기 위한 것이 아니라,

늙고 병든 노년기에도 감정적 교류를 할 수 있는

쉼터를 만드는 것이다.

학위가 노동 가치를 담보하지 못한다면

대학 생활은 아무 의미 없는 시간이 되며,

자산이 가족을 만들지 못한다면,

당신은 병든 몸을 이끌고 아무도 찾지 않는 방에서

쓸쓸히 눈을 감게 될 것이다.

따라서, 당신이 해야 할 일은

내가 하고 싶은 일을 찾는 게 아니라,

남들에게 유용한 일을 찾는 것이다.

왜냐하면,

당신은 당신에게 유용한 사람 외엔 별 관심이 없기 때문이다.

당연히, 남들 또한 유용하지 않은 당신에겐 관심이 없다.

 **핵심 지혜**

- 부의 기회는 항상 새로운 기술 중심에 있다.
- 미래 산업을 꿰뚫어보고, 산업의 중심에 나를 담아야 한다.
- 가장 먼저 해야 할 일은 남들에게 유용한 일을 찾는 것이다.

나의 몸은 투자금이다

주식 투자와 노동은

다른 것 같아도,

완벽히 같은 행위다.

인생을 풀어나가는 중요한 통찰력 중 하나는,

서로 다른 것 같은 상호작용 속에서 공통점을 찾아내는 것이다.

주식 매매는 당신의 자산을 미래 가치가 있다고 생각하는

회사에 투자하는 것이다.

노동은 당신의 몸을 미래 가치가 있다고 생각하는

사업이나 회사에 투자하는 것이다.

따라서 좋은 주식을 고르는 것과

좋은 일자리를 고르는 방법은 다르지 않다.

주식시장에서 투자자들이 흔히 하는 실수는

특정 종목과 사랑에 빠져 한 종목에 올인하는 것이다.

이런 맹목적인 집착은 악재에는 귀를 닫고 호재에만 반응하며,

시간이 지나면 지날수록 매몰비용에 의해

더 빠져나오기 어려운 구조를 만든다.

학업 역시 초중고 12년, 대학교 4년의 매몰비용이 생기며,

당연히 자신이 걸어온 길을 중심으로 사고하는

확증 편향에 빠지기 쉽다.

대학교는 더 이상 노동시장에서 성공을 보장하지 못하고 있다.

따라서 주어진 교육만 삼키는 자는

시스템 밖으로 탈출하기가 점점 어려워지며,

자신의 길이 틀리지 않다는 확증 편향에 사로잡힌다.

당신은 자신의 몸을 특정 시장에 투자하기에 앞서,

먼저 넓은 눈으로 시장을 살펴보아야 한다.

첫 번째, 성장하는 시장에 들어가야 한다.

시장이 성장한다는 건 돈이 몰린다는 걸 의미하고,

같은 노동으로 더 많은 돈을 벌 확률이

점점 올라간다는 것을 의미한다.

2000년대에 스마트폰의 등장으로 많은 기업이 사라지고,

그 영양분을 스마트폰 시장이 독점한 것처럼,

떠오르는 시장에 몸을 투자한 자들은 같은 노동을 하더라도,

남들을 앞서갈 수 있는 선택을 한 것과 같다.

기술의 발전은 기존 산업구조를 바꾸며

새로운 기회를 가지고 온다.

과거에 방송국은 TV의 일방적 송출권을 가지고 있었다.

모든 문화 권력은 방송국에 집중되었고,

PD들의 권력은 하늘을 찔렀다.

그들이 어떤 프로를 만들지 정하였고,

누구를 출연시킬지 선택했기 때문에

모든 기업의 마케팅 자본은 방송극으로 몰려들었다.

하지만 2000년대에 유튜브가 나와버렸다.

유튜브는 방송국의 독점적인 송출권을 뺏어 개인에게 나눠주며,

산업구조 자체를 바꿔버렸다.

방송국은 점차 그저 규모가 큰 크리에이터로 내려앉았고,

방송 관계자들이 누리던 마케팅 자본들은 유튜브로 흩어져서,

인플루언서들이 나눠 갖게 되었다.

초기에, 유튜브로 빠르게 진출해 시장을 선점한 사람들은

적은 노력으로 큰 수익을 얻었다.

반면 엄청난 노력을 통해 방송국에 들어간 사람들은

과거에 비해 더 적은 수입을 얻게 되었다.

이것이 바로 성장하는 시장과 그렇지 않은 시장의 차이다.

두 번째, 성장하는 회사에 들어가야 한다.

최근 실리콘밸리에서 가장 뛰어난 엔지니어들이 택한 기업은

구글이나 마이크로소프트 같은 기업이 아니라, 오픈AI였다.

구글 같은 기업은 분명 최고의 회사이지만,

이미 어느 정도 성장이 완료되었기에

후에 진입한 사람들이

그 안에서 큰 역할을 맡기는 쉽지 않을 것이다.

반면 오픈AI처럼 유망하면서 성장 잠재력이 높은 회사들은

회사의 성장에 따라 스톡옵션 같은 과실을 먹을 수 있기에,

더 많은 선택을 받게 되었다.

물론 시장에서 어떤 기업이 최종 승자가 될지

우리가 알 수 있는 방법은 없으나,

잘못 투자하면 손실을 입는 주식 투자와는 달리

자신의 몸에 담긴 경험과 기술은 사라지지 않기 때문에,

자격만 된다면 언제든 그 분야의 승자 기업으로

갈아탈 수 있다는 게 바로 노동 투자의 강점이다.

따라서 나이가 어릴수록 대기업에 취업하기 위해

스펙 쌓기 경쟁으로 기회비용을 날리는 것보다는

성장이 유망한 회사를 찾아

빠르게 경험을 쌓는 게 좋은 전략이 될 수 있다.

애초에 기업에 취직하려고 하는 사람들은

자신의 기회비용이 소실되고 있음을 딘지해야 한다.

기업은 당신에게 사회적 평판과, 더 나은 수준의 연봉,

복지를 제공하지만,

당신의 자생력을 무너뜨리고, 전문적인 기술보다는

큰 조직의 일부로서만 세상을 바라보게 만든다.

시간이 지날수록 매몰비용은 쌓이고,

가정을 이루고, 아이를 낳고, 몸에 대출이 붙게 되면

당신은 경제권을 기업에 온전히 넘기게 된다.

당신이 더 이상 이직이 불가능하다는 걸 회사가 알아챈 순간,

당신의 자유는 종말을 고하고,

계약서 없는 노예 신분으로 떨어지게 되는 것이다.

시스템이 주는 안락함에 젖어서 그 안에 안주하기보단,

항상 퇴로를 염두에 두고 선택지를 늘려놓아야 한다.

세 번째, 자신이 쌓아 올린 탑 위에서 행동해야 한다.

취업을 하든 창업을 하든지 간에,

당신은 자신이 쌓은 경험을 활용할 수 있는 분야를 선택해야 한다.

아무리 유망한 시장과 기업이라 하더라도,

준비도 안 된 자에게 기회를 줄 정도로

세상은 호락호락하지 않다.

72

항상 이것저것 해보길 좋아하는 동생이 있었다.

자격증 공부도 했다가, 회사도 다녀봤다가, 창업도 해봤다가,

여러 가지를 건드려봤지만 수년이 지나도

딱히 결과가 나오는 건 없었다.

가끔씩 나에게 창업 아이템이나 계획을 말하며

의견을 물어볼 때마다,

나는 항상 그에게 부정적인 대답을 해주었다.

아마도 그 친구는 내가 부정적이고,

비관적인 사람이라 생각했을지 모르나,

내가 보기에 그 친구는 본인은 눈치채지 못했겠지만,

너무나 낙관적이고 거만했다.

사람들은 바보가 아니다.

몇십 년 동안 한 분야에서 경험을 쌓은 사람들이

넘쳐나는 시장에서 고작 며칠 몇 달 고민한 아이디어로

시장을 이길 수 있다고 생각하는 건

지나친 자기 과신이며, 세상을 얕잡아 보는 거만함이다.

미지에 대한 도전은, 준비 여하에 따라

도전 정신과 만용으로 갈리게 된다.

따라서 자신이 수십 년의 학창 시절, 대학 시절,

그리고 사회생활 동안 쌓은 탑 위에서

가장 성장이 좋은 시장과

성장 가능성이 높은 기업을 찾아가는 게

노동시장에서 남들보다 앞서나갈 확률을 높이는 길이다.

수십 년의 인생을 살면서

아무것도 쌓지 않고 사는 사람은 없다.

자신의 내면에 저장된 가치 있는 것들을 찾아내고,

그것들을 활용할 시장을 찾아내는 것이야말로

노동력 투자의 핵심이다.

 **핵심 지혜**

- 노동 가치를 올리기 위해서는 성장하는 시장에서 성장하는 기업에
  나를 담아야 한다.
- 시스템이 주는 안락함에 젖지 말고 선택지를 늘려놓아야 한다.
- 노동시장에서 남들보다 앞서가려면 학창 시절, 대학 시절, 사회생활 동안
  쌓아 올린 탑 위에서 행동해야 한다.

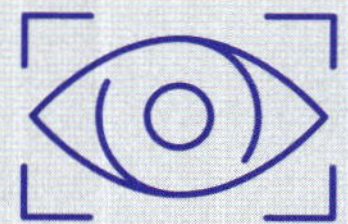

노동 소득을
높이는 법

 **STEP 1** 

가치저장수단
내 몸은 가장 효율 좋은 가치저장수단이다.

 **STEP 2** 

기술 중심 사고
생산력을 높이기 위해선 기술 중심 사고를 해야 한다.

 **STEP 3** 

성장하는 시장 진입
성장하는 시장에서 성장하는 산업에 들어가야 한다.

 **STEP 4** 

행동
쌓아 올린 탑 위에서 행동해야 한다.

AI 시대와 앞으로의 세상

1부 오프닝

현재 세상은 AI의 발달과 함께 유례가 없는 속도로

산업 현장이 변하고 있다.

이 속도는 과거의 발전과는 차원이 다르며,

기존에 있던 여러 가지 패러다임을 완전히 바꾸고 있다.

먼저, 전 세계의 생산 비용을 낮추고 있다.

예를 들어, 광고 영상을 제작하기 위해선

많은 인력과 시간, 비용이 필요했으나,

AI의 발달은 같은 결과물을 몇 번의 클릭과

전기에너지를 소모해서 만들어버린다.

이건 에너지라는 관점에서 말도 안 되는 효율을 가진다.

단순히 기술로 인한 인간 노동 효율의 증가를 넘어,

인간 자체의 노동 가치를 0으로 만들어버린다.

과거 영국에서 산업혁명이 일어났을 때,

사람들은 기계가 인간들의 일자리를 모두 뺏어갈 거라

두려워하며, 기계를 모두 부수는

러다이트 운동Luddite Movement이 일어났다.

시간이 지나 사람들의 생각은 그저 기우였음이 입증되었다.

기계는 인간의 노동 효율을 올려줬을 뿐,

일자리 자체를 뺏지는 못 했다.

오히려 기술로 효율화된 인간의 노동력이

문화 산업 전반으로 뻗어나가 기존에 없던 패션과 문화,

영상이라는 새로운 분야를 만들어내고,

거기에 맞는 직업을 창출해냈다.

하지만 AI 혁명은 다르다.

AI 혁명은 대부분의 일자리를 기술이 대체 가능하게 만든다.

자율주행은 운송업의 파이를 모두 빼앗아버리고,

광고, 영상, 디자인 분야는 AI 영상과 그림으로 침식되고 있다.

군수 산업도 앞으로 로봇과 팔란티어 같은

AI테크가 대부분을 장악할 것이고,

의료나 개발, 창작 쪽도 점점 잠식당하고 있다.

이 상태로 가면 82억 명이라는 인간의 가치는

그저 AI의 창조주라는 명예 말고는 아무것도 남지 않을 것이다.

때문에, 앞으로 AI 패권을 쥐는 국가가

세계의 패권을 쥐게 될 것이다.

여태까지의 글로벌 시스템은 미국의 달러와

중국의 저렴한 인건비가 결합하여 미묘한 질서를 만들었으나,

AI가 만들어내는 기가팩토리는

미국 같은 높은 인건비의 국가에서도

오히려 중국보다 더 저렴한 가격에 물건을 만들 수 있게 해준다.

당장 2026년에 공개된다는 테슬라의 휴먼노이드 로봇

옵티머스의 예상 가격은 2만~3만 달러 수준이다.

이는 매년 수천만 원 이상을 수령해가는 인간의 노동력과

비교했을 때, 게임 자체가 안 될 정도로 저렴하다.

그렇기에 미국과 중국은 마치 옛날 미국과 소련이

우주 개발 경쟁을 했듯이,

AI를 두고 무한한 패권 싸움을 지속할 수밖에 없다.

앞으로 AI는 단순히 인간의 삶을 편리하게 하는 것을 넘어,

인간 문명의 속도를 비약적으로 향상시킬 것이다.

그 속도란 결국 인간 사회에서 일어나는 모든 행위의 상호 교환,

즉 거래하는 속도를 말하며,

물류의 유통 속도, 금융의 속도, 기술의 속도, 상호작용의 속도를

지금까지와는 비교도 할 수 없이 빠르게 만들 것이다.

이런 시대에서 인간은

정말 말 그대로 거치적거리는 존재에 불과하다.

부산에서 서울까지 물류를 전달한다고 해보자.
부산의 항구에 물건이 도착하면,
온갖 하역 작업과 통관절차를 '인간'이 수행한다.
그리고 물건을 '인간'이 차나 기차에 싣고,
'인간'이 운행하여 서울까지 배달한다.
중간에 '인간'은 휴게소에서 밥을 먹기도 하고,
잠을 자기도 하며 물류 전달 속도를 늦춘다.
그렇게 도착한 물건은 역시 '인간'이 수령하여
집하장으로 배달하고,
'인간'을 통해 목적지로 전달한다.

AI의 시대라는 건,
이 과정에서 인간이 모두 AI로 대체됨을 뜻한다.
AI의 사무 처리는 빛의 속도로 진행된다.
먹지도, 마시지도, 잠을 자지도 않는다.
실수 역시 인간에 비해 압도적으로 적다.
기업 입장에서도, 고객 입장에서도,
여기에 '인간'이 개입해야 할 이유를 찾을 수가 없다.

또한 AI는 세상의 복잡한 현상들을 '에너지'라는
이름으로 통합시킬 것이다.

세상은 얼핏 보면 복잡해 보이지단,

단순하게 보면 결국 어떤 일을 할 때,

얼마만큼의 에너지가 들어가는지로 표현될 수 있다.

누군가 인터넷에 멋진 그림을 그린다면,

그 그림을 그리기 위해 필요한 에너지들은

다음과 같은 방식으로 표현될 수 있다.

그림 실력을 키우기 위해 '투입된 비용 +

태블릿 등의 전자기기 이용료 + 사용된 전기료 + 기타 잡비'.

여태까지의 세상에서 이 모든 비용들은

사람들의 이해를 쉽게 하기 위해

주로 '화폐 단위'를 통해 표현되었다.

모두 합해 1억 원, 2억 원, GDP는 얼마이고,

GNP는 얼마이고 하는 것들이

바로 우리가 투입된 '비용(에너지)'을

계산하기 위해 사용되었던 방법들이다.

하지만 AI 시대에서는 이 모든 것들이

전기의 단위(kW)로 바뀌게 된다.

이 그림을 AI가 그리기 위해 투입되는 비용은

AI가 연산하면서 사용된 전력량으로

매우 단순하게 표기되는 것이다.

피자를 내 집까지 AI 로봇이 가져다주는 비용,

집문서를 발급받는 데 드는 비용,

법률 서비스를 받는 데 드는 비용,

이 모든 것들이 우리가 쓰는 화폐 단위가 아니라,

전력의 단위로 바뀌게 되고,

앞으로 전기에너지를 화폐처럼

인식하는 세상이 될 것이다.

한 국가가 생산하는 총 생산을 달러가 아니고,

에너지로 산출하게 되며,

이 새로운 세상의 화폐는

당연히 '전기에너지'가 될 확률이 매우 높다.

왜냐하면 우리가 쓰는 종이 돈은 표기 가치에 비해

생산하는 데 드는 비용이 압도적으로 적기 때문에,

사람들은 점점 전기에너지와 종이 화폐의 교환을 거부할 것이다.

시스템이 단순해질수록, 복잡함 속에서 이득을 얻는 자들은

설 곳이 없어지기 때문이다.

결국 사람들에게 화폐로서 인정받기 위해서는,

마찬가지로 '에너지'를 들여서 만들어진

새로운 화폐가 필요하다.

그리고 그 화폐는, AI가 직접 거래할 수 있는

디지털 화폐가 될 것이다.

왜냐하면 AI 네트워크를 효율적으로 만들기 위해선,

모든 행정 절차와 시스템을 AI가 이해할 수 있는

디지털 형태로 변환해야 하기 때문이다.

모든 행정력도 AI화해야 하며,

모든 화폐는 디지털화해야 한다.

그렇지 않은 국가와 그렇게 개선된 국가 사이에는

도저히 따라잡을 수 없는 격차가 벌어질 것이다.

현재 AI산업의 최전선에 서 있는 일론 머스크Elon Musk는

앞으로 인간이 AI와의 경쟁에서 도태될 것을 우려해,

인간 머리에 뉴럴링크라는 칩을 박고,

인간도 컴퓨터와 같은 속도로 사고해야 한다는

생각을 가지고 있다.

그리고 실제로, 그 생각을 실현하는 중이다.

현재처럼 교육에 수십 년 이상을 투입해야

가치를 생산할 수 있는 인간의 속도는,

분명 더 이상 사회에 유의미한 성산물을 만들어내기에

부적합해질 것이다.

과연 앞으로 인간은 무엇을 추구해야 할까?

AI가 학습하지 못하는 인간의 태도는 무엇인가?

우리는 여러 가지 의문을 던져봐야 한다.

앞으로의 세대는 분명,

엄청난 기술적 격변기를 맞이하게 될 것이기에,
더욱이 기존의 고정관념과 교육 시스템에 갇혀서는
미래에 불행한 환경에 놓일 가능성이 크다.

따라서 항상 고개를 들고,
우리 앞에 닥쳐올 필연적인 미래를 대비해야 한다.

2부 | 미들게임

지식

속지 말고,
전략을 짜라

노동 가치를 높이다 보면,

자산은 자연스럽게 쌓이기 마련이다.

이건 단순히 소비를 줄여서 저축하는 과정을

말하는 게 아니다.

높아진 노동 소득으로

자신의 소비 패턴을 모두 충족하고도,

남는 자원들이 쌓이는 상태를 말한다.

마냥 억지로 소비를 줄이고 정신력으로 버티다 보면,

인내력과 스트레스라는 다른 자원을 소비하기에,

결국 장기적으로 손해를 보는 구조를 만든다.

눈에 보이는 자원들은 보통 돈의 형태로 쌓인다.

여기까지 게임이 진행되면,

모두 같은 고민을 하게 된다.

바로, 돈의 가치가 썩는 것이다.

그들은 자신이 저장한 자원을 보존하기 위해

썩지 않는 그릇을 찾아 헤맨다.

이것은 선악의 문제가 아니라,

그저 자신이 가진 것들을 썩지 않게 하려는

지극히 당연한 과정이다.

자산가들의 고민을 이해하면, 탐욕스러워 보이는 그들의 행동이

그저 평범한 사람들과 다르지 않다는 걸 이해할 수 있다.

여기서부터는 자산을 모으기 위해 꼭 알고 있어야 할 지식들,

당신의 인지를 속이고,

당신이 맞다고 믿고 있는 거짓들에 대해 이야기해보겠다.

슈퍼 리치들의 눈으로 세상을 바라보자

자산 시장을 진정으로 이해하기 위해선,

관점의 전환이 필요하다.

자, 이제 평범한 사람의 눈이 아니라,

부자의 눈으로 자산 시장을 바라봐보자.

내가 부자가 아니라도

부자의 눈으로 보고, 부자처럼 행동하면,

그들을 쫓아갈 실마리를 얻을 수 있다.

세상은 모두 그릇으로 이루어져 있다.

사람의 몸, 길가에 굴러다니는 돌멩이,

매년 지고 피어나는 꽃들까지,

모두 에너지를 담고 있는 그릇이다.

단지, 에너지는 형태를 바꿔가며

그릇 사이를 옮겨 다닐 뿐이다.

금융, 혹은 자산 역시 에너지로 표현할 수 있으며,

전 세계에서 가장 많은 금융에너지를 담고 있는 그릇은

'달러'라는 그릇이다.

달러 그릇 안에는 작은 소그릇들이 있다.

달러로 살 수 있는 주식, 채권, 부동산,

모두 달러 그릇 안에 들어 있는 작은 소그릇들이다.

마찬가지로 세상에는

위안화 그릇,

엔화 그릇,

원화 그릇,

바트화 그릇,

온갖 나라의 그릇들이 있다.

그리고 그 안에도 달러와 마찬가지로

부동산이나 주식 같은 세부 그릇들이 존재한다.

결국 우리가 하는 투자라는 행위는,

이 그릇들 중 어느 그릇에 나의 에너지를 저장해놓을지

선택하는 행위이다.

어떤 그릇이 리스크 대비 수익률이 가장 좋은가,

이 게임은 마치 우리가 좋은 과일을 고르거나,

좋은 가전제품을 고르는 것과 본질적으로 다르지 않다.

자신에게 가장 이득이 되는 걸 고르는 건

인간의 당연한 본능이다.

이 가치 저장 게임에서 가장 이득을 얻는 것은 누굴까?

일단 국가라는 관점으로 보면 당연히 미국이다.

사람들은 더 나은 물건을 사용하려고 한다.

화폐 역시 상품이기 때문에,

인플레율이 가장 적은 달러야말로

전 세계에서 가장 많이 쓰이고,

화폐로서 가장 좋은 상품이다.

따라서 달러로 된 주식, 부동산, 채권을

갖고 있다는 것만으로도

다른 화폐에 비해 인센티브를 얻을 수 있다.

그렇기 때문에 대부분의 금융에너지들은

모두 달러 그릇으로 빨려들어가려는 현상이 생긴다.

이건 위치에너지가 높은 곳에서 낮은 곳으로

물이 흐르는 것처럼 너무나도 당연한 물리 현상이다.

미국 주식이 잘나서가 아니라,

달러가 잘나서, 금융에너지가 미국으로 모이는 것이다.

이것을 알고 있는 미국은

당연히 모든 나라들과 '공정한' 금융시장 개방을 원한다.

금융시장 개방은

나라의 화폐 그릇 간에 구멍을 내는 일과 같다.

그렇게 그릇 간에 구멍이 생기면,

그 안에 저장된 금융에너지는 자연스럽게

미국 쪽으로 빨려들어가게 되어 있다.

이것이 미국이 원하는 '공정한' 게임이다.

그렇다고 미국의 이런 방법이 잘못되었을까?

그렇지 않다.

애초에 세상에, 공정이란 존재하지 않는다.

사자는 사냥감 무리에서 가장 약한 존재를 사냥하고,

독수리는 하늘에서 무력한 사냥감을 낚아챈다.

공정이란 자연에 존재하지 않는 환상이며,

이룰 수 없는 꿈과 같다.

세상이 공정해야 한다고 주장하는 자들은

절대 자신들이 가진 이점을 공정한 세상을 위해

포기하지 않기 때문이다.

미국 역시, 영원히 자신들이 이길 수 있는
'공정한' 게임을 하길 원한다.

당연하게도, 각 국가의 정부들은
이런 게임을 하고 싶어 하지 않는다.
각 국가의 정부들은
자신들의 화폐 통제력을 잃고 싶어 하지 않는다.
따라서 그들은 최대한 달러 그릇과의
연결 고리를 끊으려 한다.
북한 같은 나라는 완전한 단절을 통해,
종이 달러 외에는 들어갈 수가 없다.
우리나라는 IMF를 통해 어쩔 수 없이
완전한 금융시장 개방이 이루어졌다.

금융시장이 개방되면 어떻게 될까?
미국 주식과 한국 주식 중에 어떤 게
더 매력적인지는 명백하다.
개방된 금융은 기업이 국내의 자본조달을 어렵게 만들고,
국제 무대에서 미국에 비해 불리한 싸움을
할 수밖에 없게 만든다.

국가는 금융에너지가 미국으로 빠져나가는 걸 막기 위해서,

미국 주식에 세금을 물리고, 자국 기업에 인센티브를 주고,

산업 전기료를 싸게 하는 방법 등으로 최대한

자본 유출을 막고, 기업의 불리한 경쟁 환경을 보강해준다.

또한 자국 화폐로 저장할 수 있는 그릇을 부양하게 되는데,

대부분은 국가가 정책을 통해 자본을 통제할 수 있는

땅을 선택한다.

만약 우리나라의 달러 가치 대비

부동산 상승률이 미국의 금융자산을 따라가지 못한다면,

굳이 우리나라 사람들이 우리나라 부동산에 금융에너지를

저장해놓을 유인이 부족해진다.

결국 이러나 저러나 기축통화국이 아닌 우리나라가

나라가 망할 때까지 부동산을 부양하는 건 어쩔 수 없는 일이다.

다만 부동산 안에서도 핵심지 안으로 자금이 유입되고,

다시 또 한 번 핵심지 안에서도 중심으로 자금이 모이는

엔트로피의 증가 현상은 피할 수가 없다.

중국이 미국과의 금융 연결을 최소화하고,

홍콩을 통한 간접투자만을 허용하는 이유도

결국 금융이라는 경기장에서는

미국과 상대가 되지 않는다는 사실을 알고 있기 때문이다.

중국은 거기다 정치적 리스크까지 있어

금융 개방은 정권의 지배력을 약화시킬 수밖에 없기 때문에,

현재로서는 완전한 금융개방이 불가능하다.

중국은 우리나라와 마찬가지로 근 십수 년간

부동산 붐이 일었지만, 부동산 역시 양극화되고,

중국 자본들은 자본을 저장할 곳을 찾아 헤매고 있다.

중국에서는 어떻게든 금융시장을 키워 자국 내에

금융에너지를 저장할 그릇을 만들어보려 하지만,

정부의 이런 노력에도 중국 증시가 미국 증시에 비해

우하향하는 건 피할 수 없는 운명이다.

미국은 글로벌 자본이 자유롭게 드나들지만,

중국은 정치적 리스크로 제한된 자본만 유입될 수 있기 때문이다.

따라서 중국은 서방세계가 만들어놓은 게임판에서 벗어나,

자신만의 새로운 게임판을 만들려고 노력한다.

중국의 일대일로 전략과 브릭스BRICS* **국가들의 움직임,**

미국 국채를 버리고 금을 매집하는 행위들은

결국 미국의 금융 게임을 무력화시키고,

살아남기 위해 신세계 질서를 만들려는 노력이다.

미국은 금융 경쟁 없이도 달러 가치만 지켜낸다면,

세상의 에너지는 자연히 달러 그릇 안으로 모이기 때문에,

달러의 가치를 지켜내는 데만 최선을 다하면 된다.

굳이 비유를 하자면

---

* 국제 협력기구로 2006년 브라질, 러시아, 인도, 중국, 남아프리카공화국이 모여 미국 달러의 지배력에 대한 견제를 목적으로 만들어졌다. 현재는 이집트, 에티오피아, 이란, 아랍에미리트, 인도네시아 등 회원국이 늘었다.

피가 깨끗해지면, 건강은 저절로 회복되고,

내가 유용한 사람이 되면, 이성과 돈이 알아서 굴러들어오고,

남들보다 뛰어난 기술을 가진 회사를 키우면,

자본이 알아서 채워지는 것과 같다.

미국 경제의 본질은 달러 가치의 유지이며,

달러의 가치가 올라가면, 미국의 위치에너지는 낮아진다.

그리고 금융에너지는, 위치에너지가 낮은 곳으로 흐른다.

전쟁, 페트로달러, 국채 관리부터 스테이블코인까지

미국의 대외 전략은 모두 달러 가치와 연결되어 있다.

미국은 달러를 많이 찍어낼수록,

즉 부채가 많아질수록 달러 가치가 떨어지기 때문에,

어떻게든 자국이 아닌, 외부에서 유동성을 공급받으려 한다.

미국의 국채 강매, 엔캐리트레이드Yen Carry Trade•,

외국 금융시장 개방, 그리고 현재 일어나고 있는 관세전쟁까지,

이 모든 건 결국 미국이 달러 발행량을 늘리지 않으면서

미국 내 금융에너지를 유입시키려는 몸부림에 지나지 않는다.

일단 금융시장이 완전히 개방되면,

그 나라의 경제는 미국과 단단히 연동되기 때문에,

• 금리가 낮은 일본의 엔화로 돈을 빌려 금리가 높은 나라에 투자해 금리 차이를 노리는 투자 전략이다.

미국의 영향력을 벗어나기가 어려워진다.

중국은 최대한 미국과 금융 연결 고리를 제한하려 하지만,

중국 정도의 규모를 가진 나라가 북한처럼 외국 금융시장과

완전한 단절을 할 수는 없기에, 결국 중국이 찍어내는 돈은

제3국을 경유하여 미국의 유동성으로 바뀌어 흘러들어간다.

그런 면에서 중국은 미국과의 금융 전쟁에서 압도적으로

불리한 위치에 있으나,

중국의 이점은 바로, 군사력에 있다.

바둑을 하다 상대방에게 질 것 같으면 어떻게 할까?

상대방을 물리적으로 이기면 된다.

중국의 국민은 1인당 생산 소득이 약 1만 달러이지만,

미국의 국민은 1인당 생산 소득이 약 6만 달러이기 때문에,

전쟁에서 한 명씩 죽는다면,

미국은 중국에 비해 6배의 손해가 생긴다.

따라서 역사적으로 패권국을 쫓아가는 2등 국가가

금융 게임이 아니라, 전쟁을 택하는 건 필연적인 선택이다.

물론 미국도 그런 점을 알기에

최대한 중국의 해상 무역로를 제한하고,

식량과 에너지 수송로를 제한하여

중국의 전쟁 의지를 꺾으려 노력한다.

결국 두 국가 전쟁의 본질은

화폐 전쟁이라 해도 무방할 것이다.

그렇다면, 우리 같은 개인들은

어디에 금융에너지를 저장하는 게 유리할까?

그건 시기마다 다르며,

먼저, 게임의 룰을 파악해야 한다.

금융에너지를 저장한다는 건,

기본적으로 '보존'한다는 의미지 '생산'한다는 의미가 아니다.

내가 무언가 생산적인 활동을 하지 않고

어딘가에 금융에너지를 저장해놓으면,

당연히 엔트로피 증가에 의해

조금씩 가치가 사라져야 한다.

이 세상의 모든 인간들은 다 자신을 위해 살기 때문에,

나를 위해 공짜 에너지로 일해주는 사람은

가족을 제외하고는 존재하기 어렵다.

따라서 내가 그릇 안에 저장한 에너지는 잘해야

현 상태를 유지하거나,

아니면 조금씩 에너지가 빠져나가는 게 정상이다.

또한 전 지구적인 관점에서 봤을 때,

특정 순간에 모든 인간의 모든 투자 수익의 합은

(+), (−) 해서 0에 수렴해야 정상이다.

돈은 순환하고,

에너지는 절대로 자동으로 생성되지 않기 때문에,

전 세계인의 순간 평균 투자 수익률은

합이 0%에 수렴해야 한다.

하지만 여기서 중요한 착시가 생긴다.

화폐가 매년 증가하기 때문이다.

화폐의 증가는, 그릇을 점점 크게 만든다.

여기서 수익률이라는 허상이 생긴다.

달러를 기준으로 봤을 때, 1년에 보통 7~10% 정도 증가한다.

물가상승률이 2%라고 믿는 사람이 있다면,

그 사람은 분명 투자를 해서는 안 되는 사람이다.

정부에서 발표하는 물가상승률은

헤도닉 방법론Hedonic Pricing Method에 의해 심하게 왜곡된다.

헤도닉 방법론은 재화의 가치를 재화의 속성에 의해

통계적으로 분석한다는 경제학 방법론인데,

다 쓸데없는 소리고,

결론부터 말하면, 그냥 경제학자들,

정부 편의대로 물가상승률을 정하겠다는 말이다.

만약 그들의 말대로 1년에 2% 정도의

물가상승률이 유지됐다면,

짜장면 가격은 10년마다 1.2배 정도 올라야 한다.

하지만 우리는 10년 전에 5,000원 하던 짜장면을

지금은 10,000원에 사 먹고 있다.

그들은 물가상승률이 높으면 재정을 확장할

근거가 부족해지기 때문에,

물가나 고용 통계를 왜곡한다.

많이 오른 물품은 물가통계에서 빼버리고,

낮게 오른 품목을 통계에 넣어

그럴듯하게 물가상승률을 2~3%로 발표한다.

보다 정확한 물가상승률은 훨씬 높으며,

미국의 고용노동부에서 발표한 자료에 따르면,

100년간 미국의 실질 인플레는 7~10% 정도로

10년마다 약 2배의 화폐가 발행된다고 보는 것이 타당하다.

어찌 됐든 간에, 달러의 그릇은 매년 7% 이상씩 커진다.

그렇기에 사람들에게는 수익률이라는 허상이 생긴다.

실제로는 7%의 화폐 상승률을 따라가지 못했다면,

오히려 '구매력'을 잃은 것임에도,

사람들은 그저 돈의 숫자가 올랐다며 위안을 얻는다.

이러한 점을 생각해보면,

이 게임에서 가장 확실히 손해를 많이 보는 사람,

확실한 실패의 경로는

착한 아이처럼 현금 생활을 하는 사람들이다.

대부분의 사람들은

자신들의 삶이 안정적이라는 착각 속에 살아간다.

그들은 자신들의 뒤에서 달려오고 있는
회색 코뿔소를 보지 못한다.
적금을 들고, 보험을 들고, 연금을 들고,
오로지 급여만으로 생계를 꾸리며,
자신들이 안전하다는 환상을 얻는 대신에
매년 7~10%의 확정 손실을 얻는다.
이들은 엔트로피의 증가를 온몸으로 맞고
10년마다 모든 자산이 반 토막 난다.

조금이나마 이 게임의 룰을 파악한 사람들은
자신들이 이대로는 결혼도, 출산도, 노후 준비도
할 수 없다는 사실을 희미하게나마 인식한다.

그리고 해선 안 될 짓을 한다.
본디 부자가 되는 건, 스스로의 가치를 높여서,
좋은 가치저장수단 안에 '저장'을 통해 이뤄야 하건만,
이들은 조급함을 참지 못하고,
자신의 금융에너지를 이 그릇 저 그릇에 옮기며
인생역전을 꿈꾼다.

당연히 확률적으로 평균 수익률은

7~10%에 근접할 확률이 높으며,

시간과 에너지와 건강을 투입하였으므로

결과적으로 아무것도 안 한 사람보다 못한 성과를 내기도 한다.

이것은 현명한 행동이 아니다.

노련한 장수는 이길 수 없는 전쟁을 이기는 게 아니라,

이길 수밖에 없는 전쟁을 선택하여 이긴다.

자신의 인생을 운에 맡긴다면,

운이 다할 땐 파도 속으로 거품처럼 스러져버린다.

따라서 단타 매매나 차트 매매, 리스크가 심한 투자는

금융사와 은행, 정부의 먹잇감으로 전락할 위험이 높으며,

매매 횟수가 많아질수록 평균으로 회귀한다.

이러한 선택은 카지노처럼

불행한 결말을 맞을 확률이 높으므로 지양해야 한다.

그 시간과 에너지는

자신의 노동 소득을 올리는 데 투자되어야 마땅하다.

룰을 제대로 이해한 자들,

룰을 이해한 자들은 노이즈에 휩쓸리지 않는다.

세상은 그저 수익률이라는 사실을 이해한다.

배당주나 수익형 상가 같은 것들은

그 순간, 눈에 보이는 숫자에 가려져 있을 뿐,

좋은 성장형 주식과 비교했을 때

결과적으로 더 낮은 수익률을 보인다.

그들은 자신이 아는 최선의 그릇을 찾아 저장한다.

하지만 문제는 인터넷이 발달하여 정보의 불균형이

해소될수록 기회는 점점 감소한다는 점이다.

좋은 그릇은 너무 비싸고,

안 좋은 그릇은 너무 위험하며,

내가 좋다고 여기는 건, 모두가 좋다고 여긴다.

따라서 좋은 그릇을 선별하기 위한

노동이 점점 가치가 없어진다.

사람들은 인플레를 이길 좋은 그릇을 선점하기 위해,

더 치열하게 싸운다.

의자 뺏기 게임처럼,

죽고 죽이는 게임을 치르게 된다.

서울 아파트라는 한정된 의자에 앉기 위해,

과거의 사람들은 열심히 급여를 모아 의자를 샀고,

2000년대 사람들은 빚을 내서 의자를 샀고,

몇 년 전 사람들은 영혼을 끌어모아 의자를 샀으며,

현재 사람들은 앉을 의자가 없어 길바닥에 서 있는 상태다.

이렇게 정체된 사회에서,

금융사는 ETF라는 상품을 출시했다.

ETF는 개인이 별다른 노력을 하지 않아도,

시장에서 가장 우수한 그릇들을 자동으로 찾아 매매해준다.

따라서 시장의 평균 수익률을 쫓아갈 수 있으나,

그 이상은 수익을 얻기 어렵다는 단점이 있다.

ETF는 부의 양극화를 고착화시켰다.

내가 100만 원을 벌 동안,

자본이 훨씬 큰 사람들은 수억 원을 벌게 됨으로써,

자본 서열의 변화가 정체되고,

고인물처럼 사회가 썩기 시작했다.

아무리 열심히 일해도,

내 밑에 사람과 차이는 벌릴 수는 있지만,

위로 올라가긴 어려운 사회가 됐다.

그릇 안의 역동성이 줄어든다는 건,

사회가 죽어간다는 의미와 같다.

사회는 물과 기름이 처음 만난 순간처럼 역동적으로 움직일 때,
가장 빠르게 성장하며,
움직임이 끝나는 순간, 고여 있는 물처럼 썩어 사라지게 된다.

좀 더 공격적인 플레이어들,
우리가 흔히 사업가라고 말하는 사람들은
단순히 그릇을 찾아 에너지를 저장하는 것을 넘어
새로운 그릇을 만들어내고,
마치 낚시꾼처럼 그 안으로 금융에너지가 고이게 만든다.
매력적인 상품을 만들어 고객을 유치하고,
아무도 상상하지 못한 새로운 산업을 창조해내기도 한다.
선진 국가일수록 다양한 그릇들이 존재하며,
예술, 문학, 음악, 영화, 미용, 애견 산업까지
넘쳐나는 돈을 담기 위한 새로운 산업들이 생겨난다.

따라서 후진국의 깨어 있는 사업가들은
자신이 살고 있는 국가의 발전 정도를 파악하여,
선진 국가의 사업 모델을 가져다 선점하는 일이 흔히 생겨난다.
하지만 사업 역시, 사회가 늙어갈수록
수익률이 떨어지기 시작한다.

사회가 망해가는 가장 큰 변곡점은

자산소득이 사업소득을 넘어가는 순간 찾아온다.

사람들이 자본을 들여 사업을 하는 것보다

부동산이나 주식에 돈을 넣는 게 낫다고 느끼는 순간,

사회의 엔진은 멈춰버리고, 성장이 죽은 사회가 된다.

그릇의 관점으로 세상을 보면,

대부분의 현상들이 어렴풋이 이해가 된다.

물이 위에서 아래로 흐르는 현상이나,

달러가 아닌 다른 나라의 화폐들이

점진적으로 달러에 에너지를 뺏기는 현상은

본질적으로 같은 현상이다.

지난 100년간, 달러는 전 세계의 많은 금융에너지를 빨아들였고,

다른 나라의 화폐들은 도태되어버렸다.

아르헨티나, 베네수엘라, 짐바브웨, 튀르키예,

모두 화폐 전쟁에서 패배하여 자국의 통화 주권을 잃어버렸고,

다른 나라들 역시 정도의 차이가 있을 뿐,

결국 같은 운명을 향해 가고 있다.

달러 역시 구매력이 점차 사라진다는 점에선 같다.

다만 각 국가의 화폐가 무너질 땐 그 나라가 무너지지만,

달러가 무너질 땐 세계의 시스템이 무너진다는 점에서 다르다.

결국 모든 자산 시장을 관통하는 핵심은

화폐를 이해하는 것이다.

사람들은 모두 각기 다른 분야의 경험을 가지고 있다.

자신의 분야에서 전문가가 되어야지,

투자자가 되려 해서는 안 된다.

어떤 화폐 그릇에 나의 자산을 저장할지 정하고,

그 안에서 어떤 세부 그릇에

나의 자산을 분산시킬지 고민하고,

마지막으로 자산을 저장했으면 잊어버리는 것.

이게 바로 자산 시장에서

평범한 사람들이 해야 할 가장 중요한 고민이다.

 **핵심 지혜**

- 자본주의 룰을 이해하는 건 세상이 그릇으로 이루어졌다는 걸
  이해하는 것으로부터 시작된다.
- 좋은 그릇(가치저장수단)을 찾는 것이 게임의 승패를 좌우한다.
- 화폐를 이해하면 모든 자산 시장을 관통할 수 있는 통찰력을 얻을 수 있다.

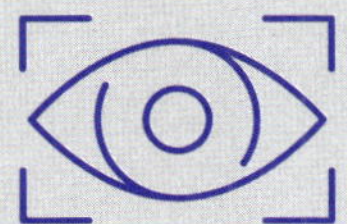

세상의 에너지는 엔트로피 법칙으로 이루어져 있다

엔트로피 증가 = 질서 → 무질서

· 에너지는 가만히 두면 반드시 흩어지고 썩는다.
· 열은 식고, 구조는 무너지고, 가치 있는 상태는 유지되지 않는다.

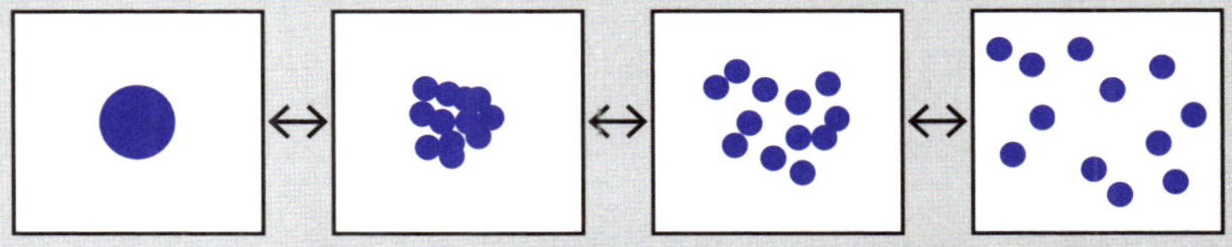

돈도 에너지다

가만히 두면 인플레이션, 낭비, 무의미한 소비로 서서히 썩게 마련이다.

→ 우리는 돈이 썩지 않도록 보관할 그릇을 찾아야 한다.

화폐의 역사를 알면
자본주의 시스템을 이해할 수 있다

현대 사람들이 겪는 대부분의 정치, 사회, 경제적 문제의

뿌리를 찾아들어가다 보면 화폐가 나온다.

자산 시장에 뛰어들기 앞서서,

보다 근원적인 문제에 대해 인식할 필요가 있다.

앞서 말한 대로 화폐 시스템은 우리가 세상을 바라보는

눈을 거꾸로 만들어버렸다.

이걸 다시 거꾸로 고치지 않고서는

평생 동안 우리의 진짜 문제가 무엇인지 인식조차 할 수 없다.

당신을 괴롭히는 문제들은

그저 커다란 화폐 현상의 부산물일 뿐이다.

큰 눈으로 세상을 보자.

상자 속에 사는 쥐도,

상자 밖의 세상을 상상해볼 수는 있는 법이다.

자, 생각해보자.

인간의 모든 행동을 단 하나의 단어로 표현한다면

어떤 단어를 쓸 수 있을까?

그건 바로, 교환이다.

세상에서 일어나는 모든 현상은 상호작용이며, 에너지 교환이다.

뜨거운 물체와 차가운 물체가 만났을 때,

겉으로 보면 한쪽이 열을 뺏는 것처럼 보여도,

그 안에선 전자들이 자유롭게 이동을 하며 상호작용을 한다.

마찬가지로, 인간 역시 이 물리 구조에서 벗어나지 않기에,

인간이 행하는 모든 행위는 모두 두언가를 주고받는

거래의 한 종류가 된다.

눈에 보이는 물건이나 노동력을 넘어서

사랑이나 신뢰 같은 감정까지,

사람이 단어로 표현할 수 있는 모든 것들은

다 서로의 저울 위에 올릴 수 있는 담보물이 된다.

그렇게 감정이 선물로 교환되기도 하고,

신뢰가 우정으로 치환되기도 하며,

명예가 돈으로 바뀌기도 한다.

당신이 겪는 세상의 모든 일들, 학업, 취업, 연애, 결혼,

출산, 은퇴, 그리고 무덤에 들어가는 순간까지도

모든 건 거래가 되며, 하나하나 신중하게 체결해나가야 한다.

당신이 무언가를 받았다고 생각한다면,

어떤 것을 뺏겼는지를 생각하라.

당신이 무언가를 뺏겼다고 생각한다면,

무엇을 받았는지 생각하라.

그 거래의 총합이 당신에게 플러스라면,

당신은 시장경제에서 올바른 선택을 하고 있는 것이다.

이제 화폐 이야기를 해보자면,

인간은 무리를 지어 생활하기 시작하면서,

서로 필요한 것들을 교환할 수 있는 시장이라는

시스템을 만들어냈다.

하지만 여기서 한 가지 문제가 생겼다.

인간 사이의 교환은 열이나 에너지의 교환처럼 쉽지 않다.

노래와 춤, 칼과 빵, 감정과 지식을 교환하는 것은

가치 평가에 있어서 매번 수많은 마찰이 생길 수밖에 없었다.

다들 자신이 가진 것들을 비싸게 팔기 원하기 때문에,

누구나 인정할 만한 교환의 매개체가 필요했다.

따라서 인간 사회는 거래물을 규격화할 수 있는 단위,

화폐가 필요했다.

화폐는 인간 문명의 흥망을 결정하는 키도인트였다.

모든 물질은 에너지 교환을 하고,

화폐는 에너지 교환의 매개체가 되므로,

혈액이 인간 몸의 영양분을 실어 나르듯이,

화폐는 사회에서 인간이라는 세포 하나하나에

필요한 영양분을 공급했다.

피가 돌지 않으면 인간이 죽듯이,

결국 그 어떤 뛰어난 기술과 발명 기전에

좋은 화폐야말로 사회가 발전하기 위한 필수불가결한 요소였다.

좋은 화폐란 무엇일까?

이상적인 화폐는 형태와 내용이 균질하고,

인간이 휴대하기 쉬우며,

쉽게 만들어낼 수 없어서 공급이 제한된 물질을 말한다.

만약 화폐가 균질하지 않다면,

거래할 때마다 매번 화폐의 순도를 둘러싼

싸움이 발생할 수밖에 없다.

화폐가 휴대하기 어렵다면,

사람들은 먼 거리까지 거래를 하기가 어려워진다.

쉽게 만들어질 수 있다면,

그 가치가 지속적으로 떨어지므로

사람들이 신뢰할 수 없다.

좋은 화폐가 있는 사회는, 거래를 빠르게 할 수 있다.

한 사회에서 하나의 거래가 발생할 때,

더 좋은 화폐를 갖고 있다면,

더 빠른 시간에 효율적으로 거래를 마칠 수 있다.

그러한 거래가 하루에 수만 건,

한 달에 수십만 건,

일 년에 수천만 건이 쌓이다 보면

좋은 화폐를 가진 문명과 그렇지 않은 문명의 차이는

따라잡을 수 없을 정도로 차이가 나 버린다.

마치 더 집적된 전자 기판이 많은 정보를 처리하는 것처럼

좋은 화폐는 사회라는 커다란 네트워크 시스템의

연산력을 효율화시킨다.

아무도 정확히 알 수 없지만,

아마도 인간 문명의 첫 화폐는 농산물일 것으로 추정된다.

그전까지 인간이 야생에서 수렵생활을 할때는

자신이 먹고 사는 것 이외에 남는 가치물을 남기지 못했다.

그저 하루 벌어, 하루를 살았을 뿐이다.

남는 게 없으므로, 거래할 것도 없었다.

거래할 것이 없으므로, 당연히 시장이라는 것도 존재하지 않았다.

인간의 생활은 동물들과 그다지 크게 다르지 않았다.

하지만 인간이 본격적으로 농사를 짓기 시작하면서부터,

먹고사는 것 이외의 가치물, 즉 잉여농산물이 남기 시작했다.

드디어 사회에 '시장'이라는 게 처음 등장한 것이다.

시장이 등장하자, 마침내 인간들은 농부나 사냥꾼 이외의

'직업'이라는 걸 가질 수 있게 되었다.

자신이 꼭 먹고사는 일을 하지 않아도

다른 사람이 생산한 식량과

자신이 생산한 가치물을 교환하면서

생계를 유지할 수 있게 되었다.

결국 고대부터 인간은

반드시 잊지 말아야 할 의무를 갖게 된 것이다.

농부가 생산한 과실을 먹는 대가도

사회에 생산적인 가치물을 제공해야 한다는 것.

이것이야말로 모든 인간이 살아가면서 잊지 말아야 할

가장 중요한 의무이다.

그 의무를 잊은 사회는 절대 지속되지 못한다.

농산물은 분명 가치 있는 에너지이긴 했지만,

교환의 수단으로선 굉장히 번거로웠다.

부피가 너무 컸고, 쉽게 썩었으며,

가치를 정량화하기도 힘들었다.

그 시대를 살아보지는 않았지만

아마도 많이 싸웠을 것으로 추정된다.

수확물에 쭉정이를 섞는 인간도 있었을 테고,

상한 농산물을 주는 인간도 있었을 것이다.

분쟁은 사회의 거래 속도를 더디게 만들고,

느린 거래 속도는 사회의 발전을 더디게 만든다.

여기에 불편을 느낀 사람들은

점점 다른 형태의 물질로 교환의 매개체를 대체하기 시작했다.

사람들이 느낀 농산물의 불편함을 해결하기 위해서

쉽게 저장하고, 쉽게 옮길 수 있고, 잘 썩지 않으며,

되도록 같은 단위로 정량화할 수 있는 물건을 찾기 시작했다.

그렇게 선택받은 것들이 바로 광물,

은이나 금과 같은 금속이었다.

그것들이 실제 가치 있어서가 아니라,

그저 적합한 특성을 갖고 있기에 선택받은 것이다.

금과 은의 가치 보존성과 운반성은

사회를 비약적으로 발전시켰다.

고대의 많은 나라들이 금과 은을 화폐로 삼고

금/은 중심의 시장경제 시스템을 만들어냈는데,

이를 금/은 본위제라고 한다.

우리가 잘 알고 있는 로마제국도 은본위제 중심의 국가였다.

나라의 경제를 굴러가게 하기 위해

세계 각지에서 은을 가져오는 건 굉장히 중요한 일이었다.

화폐는 인간의 삶을 번영케 했지만,

안타깝게도 모든 발전에는 어둠과 빛이 있는 법기다.

화폐는 권력자가 개인을 통치하는 강력한 수단이 되었고,

동시에 개인을 보이지 않게 착취하는 세금이 되었다.

사람들은 로마가 이민족의 반란으로 망했다고 알고 있지만,

로마 멸망의 시작이 은의 타락, 화폐의 타락으로부터

시작됐다는 걸 아는 사람은 많지 않다.

본디 사람이 죽기 전엔, 피부터 죽어가는 법이다.

국가 역시 예외는 아니다.

단지 그 안에 사는 인간들이 눈치채기 힘들 뿐이다.

로마제국이 커지고 시스템이 복잡해질수록

로마의 재정은 점점 궁핍해지고,

은을 필요로 하는 사람들은 많아졌지만,

공급은 경제 규모에 비해 떨어져갔다.

1세기에 로마의 황제가 된 네로Nero는

로마 멸망의 단초가 되는 중요한 정책을 처음으로 시행했는데,

바로 더 많은 재정을 쓰기 위해

은화에 불순물을 섞어 순도를 떨어뜨리기 시작한 것이다.

마치 현대시대, 우리가 쓰는 화폐가 끝없는 발권으로

점점 가치가 떨어지듯이,

은 역시 순도를 줄이는 방법으로 가치를 떨어뜨려 나갔다.

돈의 가치가 떨어진 만큼,

급여의 가치 역시 떨어져갔다.

같은 은화를 갖고도, 점점 더 적은 물건을 살 수밖에 없는

시장이 만들어진 것이다.

로마의 시민들은 노동력의 대가가

조금씩 약탈당한다는 사실을 오랫동안 눈치채지 못했다.

그렇게 거진 200년의 기간을 걸쳐 로마제국의 화폐

데나리우스는 은 함유량이 1% 이하로 떨어졌고,

결국 급여를 지급받지 못한 군인들의 반란으로 인해

로마제국은 무너지게 된다.

눈에 보이는 멸망은 이민족들로부터 시작됐으나,

그건 단지 원인이 아닌 결과일 뿐이었다.

물론 로마의 멸망을 단순히 화폐 하나에서

찾는 걸 싫어하는 사람들도 있을 수 있으나,

멸망의 뿌리가 은화의 함량 절화부터 시작되었다는 것에

대해서는 크게 이의를 제기할 사람은 없을 것이다.

비록 은과 금이 고대부터 인간과 역사를 함께한 화폐였지만,

현대의 통화로 쓰기엔 많은 단점이 있었다.

왜냐하면 나라가 발전하면 경제 규모가 커지고,

점점 은/금화를 필요로 하는 사람들은 많아지는데,

은/금의 공급은 이를 따라가지 못하는 일이

생기게 되었기 때문이다.

또한 아무리 농산물에 비해 운반이 쉽다고 해도,

국가 단위의 대규모 거래를 위해선

결국 커다란 부피의 은이나 금을 옮겨야 했는데,

이때 소모되는 비용(에너지)이 너무 많았고,

약탈당할 위험도 있었다.

또한 운반받은 은이나 금이 진짜 정량이 맞는지도

확인해야 했기에, 광물을 다시 녹여서 므게를 재고,

다시 은괴나 금괴를 만드는 번거로운 작업이 필요하기도 했다.

이런 번거로움은 사회의 발전을 저해시켰다.

사회가 발전할수록 모든 거래는 더 빨라져야 한다.

생산 속도가 빨라지려면, 거래 속도 역시 빨라져야 한다.

산업혁명으로 비약적으로 빨라진 인간 사회의 생산 속도를

따라가기엔, 은과 금이라는 화폐는 너무 느리고, 번거로웠다.

당신이 업무를 보는데,

스마트폰이 아니라 삐삐만 쓰면서 일해야 한다고 생각해보자.

아마 업무 효율이 절반, 그 이하로 줄어들 것이다.

결국 은과 금이라는 느린 화폐의 단점을 보안하고자 나온 것이,

바로 우리가 쓰는 지금의 종이 화폐다.

처음의 종이 화폐는 금교환증에서 시작됐다.

원거리 무역을 할 때 금을 가지고 움직이는 것보다는
아주 신용이 높은 두 지점 간의 은행에서 발행하는
금교환증을 가지고 움직이면,
운반과 보안, 양쪽에서 훨씬 경제적이고 안전하게 에너지를
교환할 수 있었다.

이것은 단순히 무역을 넘어 인류사 전체를 관통하는
획기적인 발명이었다.
이것 하나만으로 쓸데없는 운반 비용과 시간, 인건비,
번거로운 작업들이 모두 사라지고,
인간 사회는 남는 시간을 더 생산적인 것들을 만드는 데
쏠 수 있게 된 것이다.
이건 마치 스마트폰이 세상에 나옴으로써,
전 세계의 쓸데없는 전자기기 업체가 사라지고,
더 효율적인 산업구조가 만들어진 것만큼이나 거대한 변화였다.

금교환증은 처음엔 일반 상거래가 아닌,
커다란 무역상들을 중심으로 사용되다가,
그 유용성 덕분에 점차 사용이 확대되어갔다.

결국 금은 점차 은행의 금고 안으로 들어가 잠겨버렸고,

사람들은 자연스럽게 종이 돈으로 급여를 받고,

거래를 하기 시작했다.

은행들은 당신의 금을 안전하게 보관하고,

언제든지 원하면 종이 돈을 금으로 바꿔주겠다는 약속을 했다.

하지만 종이 화폐에는 치명적인 문제가 있었다.

바로 너무나 쉽게 발행할 수 있다는 점이었다.

쉬운 발행은, 옛날 고대 로마제국을 무너뜨렸던

은의 타락이 그대로 재현되기 시작했다.

은행들은 깨달았다.

어차피 사람들이 금을 한꺼번에 찾아가는 게 아니니까,

가지고 있는 금보다 신용화폐(금교환증)를

좀 더 발행해도 별 문제가 없지 않을까?

이것이 바로 현대의 화폐가 오염되기 시작한 첫 단추였다.

원래 거짓말은 처음이 어렵지 한 번 시작하면,

두 번 세 번은 자동으로 튀어나오는 법이다.

은행은 고객의 허락 없이 종이 화폐를 가지고 있는 금보다

더 생산하기 시작했고, 화폐가치는 날이 갈수록 떨어졌지만,

사람들은 그 변화를 깨닫지 못했다.

은에 비해 종이 화폐는 공급이 훨씬 쉬웠으므로

엄청난 속도로 돈의 가치, 노동의 가치를 떨어뜨리기 시작했다.

그리고 경제학자들은 이것을 인플레이션이라고 불렀다.

사람들이 뭔가 잘못되고 있다는 걸 눈치채고,

은행에 자신의 금을 돌려달라고 하는 순간,

은행은 어떻게든 사람들이 금을 찾아가지 못하게

법을 바꿔가면서 약속된 금을 돌려주지 않았다.

신용화폐의 등장은 은행과, 은행을 감독하는 정부에

인류 역사상 유례없는 강력한 힘을 부여했다.

본래 과거의 정부는 세금을 걷기 위해

어떻게 해서든 개인의 허락을 구해야 했다.

왕은 영주들의 허락을 구해야 세금을 걷을 수 있었고,

따라서 영주들의 지지를 받지 못한다면

왕권 역시 지키기 어려웠다.

하지만 신용화폐는 개인들의 허락 없이

정부가 세금을 걷을 수 있는 최고의 발명품이었다.

마치 전기료에 은근슬쩍 붙어 있는 TV 수신료처럼,

발권만으로 세금을 거둬갈 수 있으니,

더 이상 개인들의 눈치를 볼 필요도 점점 사라져갔다.

그들은 그저 다수의 지지만 얻으면

정권을 유지할 수 있기에,

점점 전제군주제보다는

민주라는 이름의 정치권력으로 형태를 바꾸어갔다.

덕분에, 다수의 선택이라는 미명하에,

모택동毛澤東이나 스탈린Stalin, 카스트로Castro

같은 절대 권력을 가진 독재자가 탄생할 수 있게 되었다.

또한 세계사에 유례없는 대규모 전쟁이 가능해졌다.

신용화폐 이전에는 위정자가 전쟁을 계속 수행하고 싶어도,

군자금이 부족하면 전쟁이 멈출 수 있었으나,

무한 발권을 통해 개인들에게 빚을 전가함으로써,

풀 한 포기가 타버릴 때까지 지속적인 전쟁이 가능해졌다.

결국 커다란 전쟁과 경기 침체, 수많은 죽음과 불행을 거쳐,

신용화폐의 문제점에 대해 공감한 세계의 지도자들은

1944년, 미국 뉴햄프셔주에 있는 브레턴우즈*에 모여서,

화폐개혁을 단행한다.

커다란 전쟁과 분쟁은

단순히 인간 사이의 선악의 문제가 아니라,

신용화폐라는 타락한 화폐 시스템에서 비롯됨을 인지한 것이다.

본래, 두 국가의 국경에서 무역 거래,

에너지 교환이 일어나지 않는다면,

그 이후엔 오직 총과 포탄만이 날아다닐 뿐이다.

* 2차 세계대전 종전 직전인 1944년 브레턴우즈에서 44개국이 참가해 맺은 협정으로 브레턴우즈 체제Bretton woods로 불린다. IMF(국제통화기금)와 IBRD(국제부흥개발은행)가 설립되었고, 통화 가치를 안정시키기 위해 금 1온스를 35달러로 고정시켰다.

세계는 전쟁이 아닌 무역과 세계화를 통한

분쟁의 해결을 목표에 두고,

미국의 달러라는 절대적 통화를 중심으로

국제무역을 하기로 합의를 한다.

그리고 미국이 마음대로 달러를 찍어내는 걸 억제하기 위해,

미국은 언제든지 35달러를 금 1온스로 바꿔주기로 약속했다.

이것을 바로 금태환제라고 한다.

하지만 인간 사이의 약속이란 건,

결국 시간이 지나면 깨질 수밖에 없는 법이다.

미국은 브레턴우즈에서의 협약 이후에도

여태 은행과 다른 국가들이 그랬듯이,

가지고 있는 금보다 더 많은 달러를 찍어냈다.

1960년대, 미국은 베트남과의 전쟁으로 천문학적인

달러를 찍어내고 있었고,

달러의 가치가 떨어진다는 걸 눈치챈 각국의 정부는

서둘러 미국으로부터 금을 회수하는 데 나섰고,

대규모 금 인출 소동이 일어났다.

미국은 당연히 돌려줄 만한 금을 가지고 있지 않았고,

1971년 미국의 닉슨Nixon 대통령은 금태환 약속을 파기하고,

오로지 신용만으로 돌아가는 신용화폐의 시대를 열었다.

그리고 미국은 달러에 대한 신뢰를 유지시키기 위해,

세계 각 지역의 요지에 군대를 파견하고,

오로지 달러만으로 석유를 구매할 수 있다는

새로운 세계의 질서를 만들었다.

석유가 없다면, 모든 산업이 가능할 수가 없기에,

달러는 금 없이도 기축통화의 자리를 공고히 유지할 수 있었다.

다만, 달러의 신뢰를 힘으로 유지하기 위해서,

세계 곳곳에서는 크고 작은 전쟁이 끊이지 않았다.

또한 1970년대 이후로 인플레이션의 속도는

비약적으로 빨라졌다.

금태환제가 폐지된 지 벌써 50년이 지났다.

현재 우리가 쓰고 있는 종이 화폐는

금이라는 담보물을 잃어버리고,

끈 떨어진 연 신세가 되어서 50년째 표류하는 중이다.

금태환이라는 약속도 없이,

그저 정부 관계자와 정치인들의 도덕심에 기대면서,

지금 이 순간에도 세상에는

끊임없이 가짜 돈이 만들어지고 있다.

결국 화폐 인플레이션이란,

나의 노동력을, 찍어낸 종이로 산다는 것을 의미한다.

전쟁과 잘못된 정책으로 무분별하게 발행된 화폐의 에너지는

결국 국민들로부터 나오므로,

시간이 지나면 국민들은 점점 가난해질 수밖에 없다.

왜 집을 살 수 없는지, 왜 악한 정치인들이 권력을 잡는지,

왜 취업이 안 되는지, 왜 결혼하기가 힘든지,

왜 노력해도 가난해지는지,

기업이나 부자, 정치인들이 우리를 가난하게 만드는 게 아니라,

시스템 자체가 우리 삶을 파괴하고 있음을 깨달아야 한다.

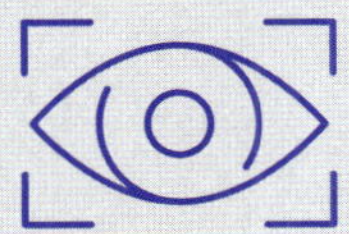

화폐 시스템의 역사적 전환점

에너지 교환

화폐 시스템 필요

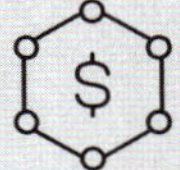

금/은 중심의 시장경제 시스템 탄생

로마시대

은본위제 시장경제 시스템

황제 네로가 은화에 불순물을 섞어 발권

로마 멸망 이후

최초의 화폐, 금교환증 탄생

금교환증 무한 발권

1944년

브레턴우즈 체제

금태환제 탄생

1971년

미국 닉슨 대통령 금태환 약속 파기

이후 50년~

신용화폐 시스템의 개막

인플레이션 가속화

오늘의 일을 내일로 미뤄서는 안 된다

화폐의 문제는 나와 당신의 삶 속에

나무뿌리처럼 깊게 얽히고설켜,

모든 인생을 관통하며 괴롭히고 파멸로 이끄는

가장 근원적인 문제다.

여기부터는 조금 더 작은 이야기,

신용화폐가 구체적으로 어떻게

우리의 삶을 파괴하는지에 대해 말해보려 한다.

신용화폐의 핵심적인 문제는 바로,

고통을 부채화시킨다는 데 있다.

이게 무슨 말일까?

세상의 문제는 생각보다 단순한 현상에서 출발한다.

오늘 일을 오늘 하는 사람은

미래를 대비할 시간을 저축할 수 있다.

반대로 오늘 일을 내일로 미루면,

내일의 시간을 대출받아 현재로 끌어다 쓰는 것과 같다.

신용화폐의 발명은

빠른 거래를 통해 빠른 경제 성장을 만들어주었다.

하지만 문제는 너무나 쉽게 찍어낼 수 있다는 점,

즉 부채를 무한히 늘릴 수 있다는 치명적인 약점이 있었다.

사람이 오늘의 일을 반드시 오늘 해야 하는 강제력이 있다면

고민할 필요도 없겠지만,

내일로 미뤄도 별다른 육체적 제재나 위해가 없다면,

대부분의 사람들은 미뤄버린다.

이 단순한 현상이, 신용화폐를 통해

모든 국가와 사회로 퍼져나갔다.

담보물 없이 돈을 찍어낸다는 것은 곧 빚을 낸다는 뜻이다.

그렇게 찍어낸 돈으로 물건을 사면

그 빚은 찍어낸 당사자가 아니라,

화폐가치가 변하지 않을 것이라 믿는,

돈을 보유한 모든 사람들이

미래에 나눠 갚아야 할 부채로 남게 된다.

그렇게 우리 모두는 거대한 빚 위에서

굴러가는 시스템의 일부가 되었다.

당신이 직접 빚을 지지 않았다고 해서,

빚으로부터 자유로운 것은 아니다.

정부의 빚, 사회의 빚, 기업의 빚, 은행의 빚은

단계를 거쳐 결국 평범한 사람들에게 전가된다.

심지어 사람들은 그 사실을 인지하지 못한 채

오히려 스스로에게 그 부담이 돌아오길 자처하기도 한다.

이 원리를 이해하면, 생각보다 많은 것들이 보이기 시작한다.

본래, 사람은 일하는 것을 싫어한다.

노력하는 것도, 참는 것도, 모으고, 아끼는 것도 싫어한다.

이건 나 역시 다르지 않으며,

인간 육체에 내재된 호르몬의 자연스러운 작동 원리일 뿐이다.

육체는 언제나 미래보다 현재를 우선하도록 설계되어 있다.

이 본능을 이기는 가장 쉬운 방법은

어쩔 수 없이 해야만 하는 환경에 밀어 넣는 것이다.

사냥을 안 하면 굶어 죽는 환경에 처한다면

인간은 어쩔 수 없이 움직여야 한다.

이것이 바로 고통을 부채화하지 않고, 현재에 소화하는 것이다.

하지만 신용화폐는 신기하게도,

이 고통을 정부가 대신 부채로 만들어

미래로 떠넘길 수 있게 해주는 발명품이었다.

사람들이 하기 싫은 일들을

정부는 '국민을 위한다'는 이름으로 대신 해결해주고,

그 대가로 표를 얻는 구조가 만들어졌다.

그 결과 사람들은 아무런 육체적 위협 없이

'안전하게' 교육을 받고,

허리띠를 졸라매지 않아도 전세나 임대주택 제도로

'고통 없이' 주거 문제를 해결할 수 있게 되었다.

하지만 이것은 고통을 없앤 것이 아니라,

오늘 감당했어야 할 고통을 부채로 만들어

미래로 날려버린 것에 불과하다.

사실 우리 주변에 존재하는 거의 모든 것들은

이미 우리에게 청구되어 있는 부채다.

길거리 쓰레기는 누가 어떤 돈으로 치우는 걸까?

깨끗한 조경수는 누가 어떤 돈으로 심는 걸까?

내가 받는 각종 지원금은 누가 부담하는 걸까?

당신은 이 에너지의 비용을 제값보다

훨씬 비싼 가격으로 이미 치르고 있다.

청구서가 여러 단계를 거쳐 돌아오기 때문에,

그 출발점을 인식하지 못할 뿐이다.

사람들은 너무나 당연히

현재의 안전함과 편리함을 삶의 기준이라고 생각하지만,

사실 이런 생활 양식들은

과거라면, 귀족들이나 자산가들만 누릴 수 있던

유복한 생활이었다.

기업은 미디어의 상업광고를 통해서

그런 생활들을 당연한 것처럼 만들고,

정부는 사람들이 원하기에,

램프의 지니처럼 보편적 복지라는 이름으로 소원을 들어준다.

안전하게 공교육을 받고, 학원을 다니고, 취업을 하고,

때가 되면 여행을 다니고, 옷도 가끔 한 벌씩 사 입고,

맛있는 것을 먹고, 공연도 보고,

일류 기업의 서비스를 받고 하는 것들이

모두 부채가 되어 쌓여간다.

이러한 사회적 비용이 청구되는 방법은 단순하다.

바로 세금과 인플레이션이다.

우리나라의 경우 다수의 사람들은

내는 세금보다 받는 혜택이 더 많은 구조에 속해 있다.

정치인들은 세금을 깎아줄수록 표를 얻기 때문에,

국가는 자연스럽게 부자에게

더 많은 부담을 지우려 한다.

이렇게 보면 부자들이 대부분의 에너지를 부담하고 있다고

생각할 수 있지만 실상은 전혀 그렇지 않다.

자본주의 사회에서 부자들이란, 인플레이션을 이긴 사람들이므로

보통 사람들보다 훨씬 빠르고 기민하다.

그들은 해외로 이민을 가거나,

정부가 손댈 수 없는 자산으로 도망친다.

그 결과 정부는 부족한 에너지를 메우기 위해 빚을 내거나,

화폐를 더 찍어낸다.

그렇게 과잉 생산된 화폐는

결국 인플레이션이라는 형태로

노동자들에게 최종적으로 청구된다.

평범한 사람들은 사회가 쌓아 올린 거대한 부채를

집값이라는 이름으로 떠안고,

본래라면 10년을 일하면 가질 수 있었던 집을

40년, 50년, 거기에 수십 년분의 대출을 얹어서 사게 된다.

이것은 사실 가격이 오른 집을 사는 게 아니라,

누군가가 무분별하게 쓴 사회의 빚을 우회해서

갚고 있는 것일 뿐이다.

그 밑의 세대는 집을 살 기회조차 잃고,

월세나 전세, 임대주택 같은 불안정한 주거 생활을 하며

집을 살 에너지를 모두 기업에 소비의 형태로 빼앗긴다.

학생과 청년 세대, 그리고 미혼 남녀들은

이런 사회의 구조 자체를 이해하지 못하다가,

나이를 어느 정도 먹고 나서야 그 실체를 인식한다.

혹은, 죽을 때까지 인식하지 못하기도 한다.

결국 신용화폐는

자산이 없는 사람들에게 가장 많은 부채를 넘기고,

비용을 청구하는 시스템이다.

이로 인해 노동자들은 점점 삶의 중요한 것들을 포기하게 된다.

희망이 사라지면 사람들은 소비로 도피하고,

결혼과 가정, 아이를 키울 에너지를

수십 년에 걸쳐 서서히 내어준다.

그렇게 희망을 잃은 사람들은 정부에 의존하게 되고,

정부는 다시 부채로 이를 해결하려 한다.

이 악순환은 시간이 지날수록 더 심해진다.

이 과정은 수년이 아니라 수십 년에 걸쳐 천천히 진행되기에,

사람들은 자신이 냄비 속에서 서서히 익고 있다는

사실조차 알아차리지 못한다.

오해를 하면 안 되는 게 나는 무정부주의자나,

신용화폐가 없어져야 한다고 주장하는 사람은 아니다.

현대사회에서 옛날의 금이나 은본위제로 돌아간다는 건,

자동차를 버리고 마차 시대로 돌아가는 것과 같다.

신용화폐의 등장은

분명 현대 문명에 필수불가결한 부분이었다.

다만 원인을 알아야 진단이 가능하듯이

신용화폐의 부작용과 결과를 알아야

삶의 방향성을 잡을 수 있기 때문에,

이런 부작용들을 이해하는 건 매우 중요하다.

우리는 시스템을 이해해야 한다.

현재 우리가 들어와 있는 이 시스템은

마치, 죽기 직전의 노인이 마약성 진통제를

끊임없이 맞으며 버티는 것과 같다.

고통은 사라진 것처럼 보이지만,

청구서는 계속해서 미래로 미뤄진다.

사회는 언뜻 보면 온갖 따뜻한 말과 아름다운 캐치프레이즈로

가득하지만 한 꺼풀만 벗기고 나면

서로의 자원을 속여 뺏어가려는 전쟁터다.

방법은 점점 치밀하고 교묘해진다.

보통 사채업자들이 상대방을 꾈 때는 작은 돈부터

무이자로 빌려준 후 조금씩 상대방의 소비를 늘려놓는다.

그러면 사람들은 따로 권유를 하지 않아도
알아서 돈을 빌리러 오게 된다.
이와 같은 방법으로 신용화폐 시스템은 사람들의 소비를 늘리고,
생활 패턴을 늘어난 소비 상태에 맞춰놓는다.

이 구조는 정말 단순하지만,
그 안에 있는 사람들이 깨닫는 건 쉽지 않다.
이 구조를 깨기 위해선,
개인에게 아주 강한 가치관이 자리 잡고 있어야 한다.

그건 생각보다 단순하다.
바로, 오늘 일을 내일로 미루지 않는 것이다.
오늘의 공부는 오늘 하고,
미래의 소비를 지금으로 끌어다 쓰지 않고,
현재의 문제를 나중으로 미루지 않는다.

당신이 미뤄놓은 문제들은
이미 신관에 불이 붙은 폭탄처럼 소리를 내며 타들어가고 있다.
그 폭탄이 터지는 시기가 바로,
이 글을 이해하는 순간이 될 것이다.

그리고 그때는, 항상 너무 늦다.

당신은 거미줄에 걸려 있다 I

이제 커다란 얘기가 아니라, 작은 얘기를 해보자.

바로 개인의 이야기다.

잘못된 화폐 시스템이 초래하는 파멸적인 결과가

어떤 방식으로 당신의 문 앞까지 도달하는지 알 필요가 있다.

악마는 항상 웃는 낯으로 문을 두드리그,

당신은 그들을 반갑게 맞이한다.

옛날에 아는 형이

꽤 어린 여자친구와 사귀었던 적이 있다.

그 형은 꽤나 자산이 많았는데,

여자친구를 만나면 항상 호텔에서 밥을 먹고,

비싼 가방을 사주고, 돈을 아끼지 않았다.

난 그 형의 소비가 이해 가지 않았고,

왜 그렇게 돈을 쓰는지 물어봤다.

그때, 그 형의 대답은 이랬다.

"응. 이렇게 하면 날 평생 못 잊을 테니까."

그 말을 듣고, 그 당시 난 어린 나이에 꽤 충격을 받았다.

그렇다.

그 형 입장에서는, 비싼 밥을 사거나 선물을 사주는 건

그다지 부담되는 일이 아니었다.

아마도, 그 여자친구는 이후 새로운 남자친구를 사귈 때마다,

그 형에게 받았던 선물들과 데이트가 생각나게 될 것이다.

난 사람들이 어렴풋하게 느끼는 행동 원리를

실제로 계산하고 실행하는 사람이 있다는 것에 놀랐고,

아직도 잊히지 않는 기억으로 남아 있다.

상대방을 의도한 대로 움직이게 한다는 것은

항상 좋은 얼굴로 다가가서, 어느새 그 사람에게

단 하나의 선택지만 남겨놓는 것이다.

상대방은 마치 그것이 자기 스스로 선택한 것처럼 착각하며,

결국 판을 짠 자의 생각대로 움직이게 된다.

그때보다 나이를 먹은 지금,

나는 사회가 같은 원리로 돌아간다는 걸 안다.

경제는 순환해야 한다.

개인은 생산을 하고, 물건을 사고, 세금을 내야 한다.

기업은 물건을 팔고, 고용을 하고, 세금을 내야 한다.

정부는 시스템을 만들고, 세금을 걷어서

자원을 올바른 곳으로 분배해줘야 한다.

하지만 무한히 찍어낼 수 있는 종이 화폐는

정부와 특정 기업, 은행들만 부유하게 만들어버렸다.

정부는 점점 비대해지고, 정부와 친한 기업들은 부유해지며,

정부의 비호를 받는 은행들은 무소불위의 권력을 얻게 되었다.

반면, 아무런 권한이 없는 개인들은 조용히 가난해졌다.

이런 불균형은 순환 시스템을 망가뜨렸다.

개인이 가난해지면

정부는 세금을 걷지 못하고,

기업은 물건을 팔지 못하며,

은행은 대출 장사를 못 한다.

시스템이 망가지면,

아니, 게임판이 망가져버리면,

게임판의 승자들은 더 이상 이 재밌는 게임을 지속할 수 없다.

따라서 그들은 생각했다.

어떻게 하면 더 많은 세금을 걷을 수 있을까,

어떻게 하면 더 많은 물건을 팔 수 있을까,

어떻게 하면 대출을 늘릴 수 있을까.

결론은 간단했다.

개인들은 앞으로 더 많이 일해야 한다.

이것만큼 단순한 답은 없다.

복잡해 보이는 정책, 마케팅, 금융 상품은

오직 이것만을 위해 설계됐다.

더 많이 일해서, 더 사고, 더 빌리고, 더 내라.

여가 시간을 줄여라.

아내도 일해라.

육아시간도 바쳐라.

집도 사지 말고 세 들어 살아라.

그저 일하고 일하고 일해서,

이 재미있는 게임판을 끝내지 않는 것,

이것이 바로 경제 시스템의 본질이다.

우리는 쳇바퀴 같은 삶을 살면서도

한 번도 진지하게 고민하지 않는다.

굶어 죽을 걱정도 없는 현대사회에서,

대체 무엇 때문에 이렇게 쪼들리고, 쫓기듯 살고 있는 걸까?

난 왜 월 300만 원짜리 급여와 평범한 인생에 만족하지 못하고,

사고 나면 별 필요도 없는 온갖 쓰레기 더미에 둘러싸인 채

살아가게 됐을까?

비싼 데이트와 비싼 가방을 선물받은 여자친구처럼
우리는 어느새 필요 없는 것들을
필요하다고 믿고 살아가게 됐다.
이것은 우리 삶에 너무나 깊숙이 침투해 있기에,
단순히 정신력으로 이겨낼 수 있는 문제가 아니다.

처음 개인들이 가난해졌을 때,
기업은 물건이 팔리지 않았고, 비용을 절감하기 위해
결국 인건비를 줄일 수밖에 없었다.
하지만 인건비가 줄어들면,
개인의 표를 받는 정치인들은 자신들의 입지를 위해
기업을 옥죌 수밖에 없다.
기업은 개인들의 비위를 건드리지 않으면서,
그들의 사업을 유지할 방법을 연구해야 했다.

대부분의 소비 문화는 여성을 중심으로 이루어지기에,
기업과 위정자들은 항상 여성을 노린다.
남자들은 돈을 벌어도
결국 그 돈을 여성의 마음을 얻기 위해 쓰기 때문이다.
기업 역시 이 사실을 잘 알고 있기 때문에,
그들의 마케팅은 항상 여성을 공략한다.

그들은 여성에게 누군가의 어머니가 아닌,

일하고 소비하는 여성이라는 새로운 이미지를 주입했다.

여성들이 굳이 집에서 가사와 육아를 할 필요가 없다.

그 시간에 나와서 일하는 것, 커리어를 갖는 것이

그녀들의 꿈이라는 이미지를 심어주었다.

드디어 그들은 노동자들의 급여를 눈앞에서 줄이지 않고도,

급여 삭감이라는 목표를 달성했다.

여성들은 일터로 나가고, 물건은 더욱 많이 팔렸다.

기업이 고를 수 있는 인력 풀은 두 배로 늘었으며,

경쟁은 급여 상승을 제한했다.

은행은, 여성과 남성 모두에게 대출을 해줄 수 있게 됐다.

이런 일련의 흐름은 누군가 의도적으로 계획했다기보단,

그저 상황의 변화에 따른

어쩔 수 없는 선택들이 모여 만든 결과물이었다.

과연 이 변화에서 누가 가장 피해를 보았을까?

그리고 누가 가장 이득을 보았을까?

아마, 현재를 살아가는 30~40대라면 은근히 느끼고 있을 것이다.

뭔가 아끼고 아끼면서, 알뜰하게 세상을 살아가고 싶은데,

도저히 그럴 수가 없다는 것을.

학업을 마치고 사회에 나오는 순간부터

계속적인 유혹에 노출된다.

차를 사지 않고, 대중교통을 이용하려 하지만

인터넷에는 항상 새로운 신형 자동차 모델이 반짝이고,

지나가는 차들은 움직이는 광고판이 되어 현혹한다.

은행은 원래라면 본인의 능력으로 살 수 없는 차를

할부라는 이름의 말도 안 되는 고금리로

한 달에 몇 십만 원만 내면 살 수 있게 해준다.

여자친구를 만나려 해도, 차가 없다는 걸 알게 되는 순간,

자신도 모르게 눈치를 보는 사회가 만들어진다.

여자는 남자친구가 차가 없다는 걸 신경 쓰지 않다가도,

자신의 친구가 남자친구와 비싼 차에서 찍은 사진을

SNS에 올리는 걸 보는 순간,

마음속에 무언지 모를 감정이 스멀스멀 올라온다.

과거엔 당연했던 결혼이 점점 사치가 되어버린다.

소박한 결혼식을 하려 하다가도,

우리들의 머릿속에 어느 순간 박혀 있는

'평생에 단 한 번뿐'이라는 멘트에,

어느 정도 화려한 결혼식을

해야 할 것 같은 생각이 든다.

어느새 스튜디오, 드레스, 메이크업은

선택이 아닌 필수처럼 자리 잡는다.

마치 그걸 안 하면,

무언가 죄를 짓는 것 같은 이상한 감정에 사로잡힌다.

기업과 은행은 사람들이 어떤 부분에서,

어쩔 수 없이 소비를 하게 되는지 너무나 잘 알고 있다.

그들은 마케팅을 통해

당신이 무언가를 하지 않으면,

무언가를 사지 않으면,

무언가를 빌리지 않으면,

당신의 주변 사람들이 당신에게

무능력자라고 낙인을 찍게 만든다.

결혼 후에는, 어떻게 해서든 둘만의 보금자리를

만들어야 한다는 압박감에 사로잡힌다.

작은 구축 아파트, 혹은 변두리에 있는 아파트를 사서

차곡차곡 자산을 늘려나가려 계획하다가도,

은행과 정부가 지원해주는 싼 이율의 전세 대출은

어렵지만 미래를 생각하는 선택이 아니라,

쉽고 현재를 위한 선택을 하게 만든다.

그렇게 전세로 서울 요지의 신축 아파트에 엉덩이를 깔게 되고,

그 전세금은 집주인의 새로운 시드머니가 되어

자산 시장으로 흘러들어가, 집값을 떠받친다.

집값을 떠받친다는 건,

기업과 은행이라는 사회 시스템을 떠받친다는 것과 같은 말이다.

깔끔하고 깨끗한 신축 아파트는,

당신을 마치 성공한 사회인처럼 느끼게 만들어준다.

당신은 과거의 부모님들처럼

주택 구매를 위한 계획을 짜기보단,

자신도 모르게 전세금 이자를 뺀 나머지 돈을

현재의 만족을 위해 소비하게 된다.

그러면서 미디어에서 가르쳐준 대로, 자신에게 암시를 건다.

그래, 욕심을 부리지 말고 현재에 만족하면서 살자.

내 것이 아닌 남의 수십 억 원짜리 집에서

미래의 아이와 가족들을 위해 쓰여야 할 돈을

당겨쓰면서 '현재'를 살자.

그렇게 미래의 당신은 당신에게 버림받고,

집값과 전세 값이 올라갈수록

정해진 불행을 향해 점점 고정되어간다.

당신의 버려진 미래 덕에

사회는 집값을 유지하고, 기업은 물건을 팔고,

은행은 대출 목표를 채우며,

당신이 모르는 곳에서 그들의 게임을 이어간다.

게임을 주관하는 자들은, 게임이 계속되길 원한다.

이건 간단한 게임이다.

그들은 어떤 방법을 써서라도 당신이 '소비'하길 원한다.

그에 반해 당신은, 어떤 방법을 써서라도 '저축'을 해야 한다.

이것은 마치 상자 안에 든 쥐의 싸움과 같다.

사회에 자원이 넘쳐흐를 땐, 서로의 성공을 축복하지만

사회의 자원이 고갈될 때, 제로섬게임은 시작된다.

그들은 당신이 게임의 룰을 잊길 바란다.

당신의 정신력이 아무리 강해도

SNS를 통해, 배우자를 통해, 열등감을 자극해서

결국 당신을 소비하게 만든다.

거미줄처럼 당신의 주변을 싸고 얽맨 채

당신이 그저 생산하고, 저장하지 못한 채

그저 소비하는 존재로 남길 원한다.

무엇을 제일 먼저 해야 하는가?

자신을 겹겹이 싸고 있는 보이지 않는 거미줄을 보는 것.

문제를 해결하기 위해선,

제일 먼저 문제를 인식해야 한다.

당신은 거미줄에 걸려 있다 Ⅱ

사람들은 사회의 시스템이

어딘가 고장 나 있다는 걸

깨닫는 순간이 온다.

그것을 일찍 깨닫는 것이야말로,

사람의 일생 동안 언젠가 온다는

일생일대의 기회 중 하나다.

일찍이 나와 비슷하다고 생각했던 친구가 있었다.

그리고 그 친구가 단 몇 년 일찍 자산 시장에 진입한 것만으로,

평생 걸려도 메울 수 없는 차이가 생겼다는 사실을 알았을 때,

나는 분노나 시기가 아니라, 그저 궁금증이 생겨났다.

그 친구와 나 사이를 벌려놓은

이 시스템의 원인은 무엇이고, 해결책은 두엇일까?

그때로부터 많은 시간이 지났지만

내가 내린 결론은, 이 시스템은 생각보다 정교해서,

단지 알고 있는 것만으로 빠져나가긴 쉽지 않다는 것이었다.

우린 어렸을 때부터 정해진 길을 걸어왔다.

사람마다 편차야 있겠지만, 대부분 정해진 교육을 받고,

경쟁하고, 대학 간판으로 사회에서 서열을 가린다.

과거에 좋은 대학을 간다는 건,

인생이란 게임에서 어느 정도 보장받은 성공과 다름이 없었다.

하지만 현재 우리는 시대가 변화했음을 받아들여야 한다.

화폐 인플레이션은, 기업의 양극화를 만들었다.

정부와 가깝거나 인플레의 수혜를 입는 기업들은

점점 비대해졌고, 그렇지 않은 기업들은 점차 경쟁에서

패해 사라져갔다.

이것은 비단 대한민국만의 문제가 아니다.

전 세계의 중심인 미국 역시, 열 손가락 안에 드는

거대 기업들이 4,000만 개의 기업을 압도한다.

인터넷의 보급은 정보의 불균형을 없애버렸고,

소비자는 결국 가장 좋은 기업의 저렴한 상품을

'합리적으로' 소비할 수 있게 되었지만,

이것은 양날의 검처럼 작은 기업들의

기회를 박탈하고, 기업 간 양극화를 심화시켰다.

기업의 양극화는 양질의 일자리를 양극화시켜,

사람들이 원하는 일자리, 사람들이 앉기 원하는

의자의 개수를 점점 줄여버렸다.

대학의 학위는 더 이상 취업을 보장해주지 않는다.

대부분 아무것도 준비되지 않은 채로 사회에 던져지게 된다.

그렇게 사회에 나온 사람들 중 일부는

무언가 잘못돼 있음을 깨닫는다.

취업 문은 좁고, 등록금 대출은 갚기 어렵고,

결혼을 하고 집을 사는 건,

평범한 사람들에겐 불가능한 꿈이 돼 있다는 사실을.

물론 부모를 잘 만난 자들은

아직 꿈에서 깨어나지 못하기도 하지만,

과연 그게 정말로 '부모를 잘 만난 것'인지는 생각해볼 문제다.

현실을 마주한 이들 중 일부는 드디어 문제를 인식하고,

자신이 이미 돌이킬 수 없는 사회의

톱니바퀴에 끼여 있음을 알아챈다.

그리고 자신의 뒤를 쫓아오고 있는

화폐 인플레라는 거대한 괴물을 드디어 눈치채게 된다.

마침내, 그들은 마치 약속이라도 한 것처럼

노예가 양산되는 마지막 시스템인,

자산 시장을 기웃거리게 된다.

그것은 그들의 선택이 아니다.

사람들은 자신이 주식과 부동산에 관심을 갖게 될 거라고

상상도 못 했겠지만,

이 사회의 시스템에서 그들은 태어날 때부터

이곳으로 오도록 필연적으로 설계되어 있었다.

누구나 먹고사는 것 이외의 돈이 남는다면, 저장을 해야 한다.

화폐는 인플레로 잡아먹히고,

저축은 자산 시장을 쫓아가지 못한다.

그럼 갈 곳이 자산 시장밖에 더 있겠는가?

자산 시장은 당신에게 희망을 쥐어준다.

어쩌면, 학업과 취업 시장에서 뒤처진 자신도

다시 한번 앞으로 치고 나갈 수도 있을 것 같은,

희망의 불씨를 남겨준다.

희망은 중요하다.

희망이 꺼진 인간은 아무것도 생산하지 않기에,

기업과 정부와 사회 시스템은,

어떻게 해서든 개인에게 희망을 주어야 한다.

카지노에서 호구에게 개평을 주듯이,

불씨가 꺼지지 않게 치밀하게 관리한다.

하지만 자산 시장에 오래 머문 사람들은 깨닫는다.

여긴 결국, 희망의 땅이 아니라,

승리한 자들을 위한 사회 시스템의 종착지라는 것을.

자산 시장이라는 투기장에서 이미 승리한 자들은 관객석에서,

승리하지 못한 자들은 경기장에서 검과 방패를 들고 검투사가 된다.

평범한 개인이 자산 시장에서 할 수 있는 건

크게 두 가지밖에 없다.

부동산, 아니면 주식.

부동산은 입장료로 출입을 제한한다.

부동산은 희소성 있는 땅을 선점한 자에게 부를 안겨다 주며,

과거처럼 정보가 제한된 시절엔, 정보의 비대칭성으로

직접 발품을 팔면 좋은 투자처를 찾을 수도 있었지만,

지금은 모두에게 오픈된 정보로 인해

더 이상 발품을 팔 필요가 없어져버렸다.

그리고 그 편리함과는 반대로, 기회 역시 같이 사라져버렸다.

인플레를 이길 수 있는

가장 희소성 있는 땅의 입장권 가격은 점점 올라가게 되었고,

10년치의 노동에서 20년치의 노동으로,

20년치의 노동에서 40년치의 노동으로,

40년치의 노동에서 50년치의 모기지 대출로,

그리고 종국에는 대출마저 사라지며

결국 입장권은 영영 구매할 수 없는 물건이 되었다.

따라서 이미 자산이 있거나 높은 소득이 있는 자들에게는

이보다 더 쉬운 투자가 없지만,

그렇지 못한 자들에겐 영영 가질 수 없는 자산이 되었다.

그렇게 대부분의 평범한 사람들은

결국 약속한 것처럼 주식시장으로 모이게 된다.

주식시장은 커다란 하우스에 불과하다.

단지 사람들이 하우스라는 걸 눈치채지 못하게 만들었을 뿐,

결국 이 시장에서 돈을 벌고,

목적한 바를 이루고 나가는 개인은 거의 없다.

평범한 개인들은 대부분 주식의 변동성을 이길 수 없다.

왜냐하면 주식의 변동성은 정신력으로 이기는 게 아니라,

노동 소득과 자산으로 이기는 것이기 때문이다.

300만 원을 버는 자에게 1,000만 원의 손실은

세상이 무너질 것 같은 충격을 주지만,

3,000만 원을 버는 자에겐

그저 신경 쓰이는 정도의 손해일 뿐이다.

주식시장의 입장권은 주식을 살 수 있는 돈이 있을 때

얻는 것이 아니라,

노동 소득이 완성됐을 때, 진정으로 자격을 얻게 된다.

따라서 대부분은 그저 변동성에 삼켜지고,

귀중한 시간과 기회비용을 허비한다.

당신은 사회라는 커다란 착즙기 안에서

어떤 것들이 에너지를 갉아먹는지도 눈치채지 못한 채,

말라비틀어질 때까지 짜여진다.

이런 운명을 피하기 위해서는

결국 노동시장과 자산 시장에서

적어도 상위 10% 안에 들어야 하지만,

대부분은 자신의 현실을 너무나 늦게 깨닫고,

정해진 운명을 한 발짝씩 밟아나간다.

나이를 먹고 젊음이라는 자산이 소모됨에 따라,

무언가 잘못되고 있음을 본능적으로 느끼지만,

대부분의 사람들은 '진짜' 문제가 코앞어 도달할 때까지,

문제에서 고개를 돌려버린다.

마치 시험 전날까지 시간을 허비하다,

텅 빈 머리로 시험장에 앉아 있는 학생처럼,

아무런 준비도 없이 말이다.

통화정책을 보는 지혜의 눈

옛날에, 주식을 처음 시작했던 학생 때,

친구와 이런 말을 나눈 적이 있었다.

내가 1,000만 원을 잃으면,

미래의 내 자식은 피아노 학원을 안 끊어줄 거야.

그다음엔 수학 학원, 그다음엔 영어 학원,

그다음엔 자식을 안 낳고,

그다음엔 결혼도 안 해야지.

물론 장난으로 한 말이긴 했는데,

생각해보면 정확하게 현대사회의 중심을

꿰뚫고 있는 말이었다.

앞서 말한 대로,

정부는 세금을 걷어 시스템을 만들어야 했다.

그들 입장에서 굳이 개인들의 심기를 거스르면서

대놓고 세금을 걷어갈 필요는 없다.

그들은 통화정책이라는 강력한 도구가 있기 때문이다.

통화정책은 그들이 쓰는 돈을

개인들에게 조용히 전가시킬 수 있다.

누군가의 피아노 학원비, 누군가의 수학 학원비,

누군가의 결혼 비용을, 당사자가 눈치채지 못한 상태에서

가져다 쓸 수 있게 해준다.

국가의 통화정책은 각 국가의 중앙은형에서 관리한다.

중앙은행은 개인에게 돈이라는 혈액을 공급하는

심장 역할을 한다.

보통, 중앙은행은 정부와 독립적으로 은영된다고 하지만,

세상만사가 그렇듯이

완벽히 독립된 시스템이란 존재하지 않는다.

어디까지나 표면적으로 자율성이 보장될 뿐,

결국 정부의 의중이 반영될 수밖어 없다.

정부, 아니 정부를 이루는 정치인들은

대부분 돈을 쓰고 싶어 한다.

이건 마치 우리 같은 개인들이

돈을 벌고 싶어 하는 욕망만큼이나 자연스럽다.

그들은 외쳤다.

경기 침체가 올 수 있으므로 금리를 내려라.

경기가 '나빠질 수도' 있으므로 돈을 풀어라.

경기가 좋든, 나쁘든 모두를 위해 시장에 돈을 뿌려라.

금융 지식이 없는 대부분의 사람들은

금리를 내린다는 게 어떤 의미인지조차 이해하지 못했다.

일부러 어렵게 만들어놓은 금융 용어들은

개인들이 정치인들의 행위에 대해

이해하지 못하는 장벽으로 작용했다.

한번 생각해보자.

금리를 내리는 게 대체 어떤 의미인가?

단순히 대출이자가 내리고 예금 금리가 내린다는 걸 의미하는가?

아니다.

금리가 내려간다는 건, 돈의 가치가 싸진다는 의미다.

당신이 가진 현금의 구매력이 빠르게 사라지고 있다는 뜻이다.

당신의 시간과 에너지, 건강을 바쳐 행하는 노동의 가치가

무가치해진다는 의미다.

단 몇 %의 금리가 오르고 내리는

이 작은 차이가 수천, 수억 명의 생각과 행동 양식을 바꾸고,

운명을 바꿔버린다.

우리는 그들이 우리 돈을 가져가는 원리를 이해해야 한다.

그래야만, 진정으로 속지 않는다.

자, 누군가 100kg의 몸무게를 가진 남자가

살을 빼려 한다고 가정해보자.

살을 빼려면, 적게 먹고 운동을 해야 한다.

하지만 누군가 체중계를 조작해서,

남자의 몸무게를 70kg으로 만들어 줬다.

남자는 살이 빠졌다고 착각한 채,

평소보다 더 먹기 시작했다.

자신의 비대한 몸을 보며 현실을 다주해야 하는

순간이 왔을 때, 남자는 절망할 것이다.

이것이 바로 금리 인하다.

사람들의 생산력, 노동 의지, 수요와 공급은 변한 게 없는데,

갑작스럽게 시장 금리가 내려가면 어떤 일이 일어날까?

우리는 이미 코로나 시기를 거쳤기에, 급격한 금리 인하가

어떤 현상을 만드는지 경험적으로 알고 있다.

누군가 사업을 한다고 가정해보자.

4% 이자로 100억 원을 대출받았다면,

적어도 1년에 4% 이상의 수익을 올려야,

은행에 사업체를 뺏기지 않고 시장에서

살아남을 수 있을 것이다.

평소에 그는 간신히 4%의 수익을 올리고 있는 변변찮은

사업가였지만, 느닷없이 정부가 금리를 반으로 내리면서,

어떤 생산적인 개선도, 노력도 하지 않았지만,

그의 수익은 연 이익이 0원에서 2억으로 늘어나게 되었다.

(물론 기준 금리가 은행 금리로 100% 적용되는 건 아니지만,

이해를 돕기 위해서, 여기서 굳이 조달 금리나 시장 금리 같은

복잡한 이야기는 하지 않겠다.)

그의 사업은 생산적이지 않은 사업이었지만,

금리 인하 덕분에 생산적인 사업으로 보이게 되었다.

금리의 마법은, 좀비 기업을 그럴듯한 사업으로 만들어줬다.

이번엔 누군가 건물을 사서 임대업을 한다고 가정해보자.

4% 이자로 100억 원을 대출받았다면,

적어도 1년에 4% 이상의 임대 수익을 올려야 시장에서

살아남을 수 있을 것이다.

마찬가지로 그 역시 금리 인하 덕분에,

이득이 전혀 없던 상황에서 2억 원의 소득을 올리게 되었다.

그의 건물은 재평가를 받게 되고,

건물의 수익성이 두 배가 됐으므로,

갑자기 건물 값은 두 배로 오르게 된다.

이런 금리 인하 효과는, 시장 원리하에서는

돈을 벌지 못했을 사람들, 자격이 없는 자들에게

갑작스러운 부를 안겨다 준다.

그리고 쉽게 번 돈들은 쉽게 사용되고, 쉽게 투자된다.

수고 없이 갑자기 소득이 늘었으므로

그 소득은 사치품에 사용되거나,

혹은 사업과 부동산에 재투자된다.

코로나 시기에 왜 사람들이 그리도 명품 숍에 줄을 섰는지,

갑자기 안 치던 골프 열풍이 불었는지,

슈퍼카들의 판매량이 압도적으로 늘었는지를 생각해보면,

금리 인하가 사람들의 행동에 미치는 영향이 짐작될 것이다.

또한 사업체가 늘어나며, 일자리가 창출되긴 하지만,

오랜 고민과 수고가 들어간 사업 아이템이 아니기에,

질 낮은 일자리를 양산하며, 시장을 교란시킨다.

본래대로라면 망할 사업도 거품이 형성되는 시기에는

갈 곳을 잃은 자본들이 흘러들어 그럴듯한 사업처럼 보이게 된다.

본래대로라면 사회의 건전한 발전을 위해 쓰였어야 할

혈액들이 무가치하게 소비되어버린다.

사람들은 갑자기 자신이 갈 수 있는 일자리가 늘어났으므로,

붕 뜬 기분이 생겨버린다.

직장을 언제든 그만둘 수 있다는 용기가 생기며,

어디서든 일할 수 있다는 자신감이 생긴다.

게다가 주식과 부동산으로 수입이 생기겨

근거 없는 자신감을 가속화시킨다.

결과적으로 인내하고 미래에 대한 대비를 하는 게 아니라,

즉흥적이고 소비 지향적인 방향으로 사람들이 변하게 된다.

또한 주식이나 부동산 붐이 일며,
원래 가치보다 고평가된 자산에 대한 투자가 늘어난다.
그들은 자신들의 선택이라고 착각하지만,
바로 쉬운 돈, 가짜 돈이 만들어낸 필연적 결과다.
사업과 부동산에 돈이 흘러들어가며
일시적으로 경기에 활기가 돌긴 하지만,
시장 원리에 입각한 효율적인 투자가 아니라,
거짓된 가짜 수요에 맞춰 잘못된 투자가 이루어진다.

100kg의 남자가 날씬해졌다는
착각에 폭식을 한 것처럼,
갑자기 오르는 부동산과 사업 수요는
건설사들이 건물을 과잉 생산하도록,
사업가들이 공장 설비를 과잉 증산하도록,
공장에서 물건을 과잉 생산하도록 만든다.
이렇게 만들어진 과잉 생산과 과잉 소비는
경기 전체에 활기가 도는 것처럼 보이게 만들지만
결국 필연적으로 물가는 오르고,
다시 중앙은행이 물가를 낮추기 위해 금리를 올리는 순간,
마치 마약을 맞던 사람이 현실로 돌아오는 것처럼
재앙적인 불경기가 시작된다.

그냥 두었으면 보이지 않는 손에 의해 알아서

자리 잡았을 시장 원리가,

중앙은행이라는 심판의 개입으로 왜곡되어버린다.

원래대로라면 시장이라는 심판을 통해

일부 사람만 겪었을 작은 고통과 슬픔이

광범위하고 파괴적으로 훨씬 많은 사람을 덮치게 된다.

경기를 살린다는 표어하에 돈 살포가 용인된다.

이는 일시적 통증을 줄이는 마약성 진통제와 같아

근본적인 병의 치료가 이루어지지 않고

그저 더 큰 고통을 미래로 날려버릴 뿐이다.

그 고통은 현세대가 치르기도 하지만,

간혹 쌓이고 적체되어 내가 얼굴도 모르는 누군가,

혹은 자손들에게 부과되기도 한다.

하지만 개인은 당장 경기가 살아나서 좋고,

기업은 상품이 팔려서 좋으며,

건설사는 건물을 더 지어서 좋고,

정치권은 표를 받아 좋으므로,

현명하지 못한 개인이 주를 이룰 때는

결국 누구도 반대하지 않고, 쉬운 길을 택하게 된다.

정부는 그렇게 할 수 있으므로, 그렇게 했을 뿐이다.

그렇다면 그들에게 문제의식이란 없는 걸까?

초창기에, 금을 보관하고 몰래 금교환증을 늘리던
시기까지만 해도, 그들은 이것이 비도덕적 행위라는 걸
정확히 인지했다.
하지만 안타깝게도 시간이 지남에 따라
그들의 죄의식은 옅어졌고,
결정적으로 20세기 통화 이론의 기초를 만든 케인스Keynes[*]는
그들의 약탈 행위에 그럴듯한 변명과 면죄부를 만들어줬다.

케인스는 말했다.
"당장 불쌍한 사람들을 도울 수 있는 방법이 있는데,
금리를 내리고, 정부 지출을 확대하고, 지급준비율을 낮추고,
통화량을 늘려서 그들을 돕지 않을 이유는 무엇인가?"

정부가 지출을 늘리면, 즉 다시 말해 돈을 마구 써대면,
새로운 수요가 창출되고 경기가 활성화될 거라는
그의 말은 얼핏 그럴듯해 보였다.

개인은 지출을 늘리면 망하지만,

[*] 20세기 경제학의 방향을 바꾼 인물로 평가되는 영국의 경제학자이다. 1936년 대공황 직후, 저서 『고용·이자 및 화폐의 일반 이론』을 출간하며 불황에 대한 정부의 적극적인 재정 정책을 주장했다.

정부는 망하지 않는다는 그의 이론은

돈을 더 많이 쓰고 싶어 하는 세계 곳곳의 정치인들

머릿속에 빠르게 스며들었다.

실상은, 그렇게 해도 당장 망하지 않는 국가들,

즉 옛 영국이나 미국처럼 지출을 늘리더라도 기축통화 시스템을

통해 다른 나라에 빚을 전가할 수 있는 나라들에나 일시적으로

통하는 이론일 뿐이었다.

다만 기축통화국 역시 그저 시간의 차이가 있을 뿐,

결국 베네수엘라나 아르헨티나처럼 하이퍼 인플레이션으로

향할 수밖에 없는 운명이었다.

그때까지 걸리는 시간이 무척이나 길기에,

사람들이 체감하기엔 어려운 점이 있다.

이건 마치 비유하자면

배우자가 명품을 사고, 슈퍼카를 사고, 소비를 펑펑 늘리면,

다른 배우자가 그 소비를 감당하고자 알아서

수입을 늘릴 거라는 말과 같다.

결국 소비가 늘어난 가정은 빚에 허덕이다 붕괴되는 것처럼

국가 역시 시간의 차이가 있을 뿐이다.

가정이, 사회가, 국가가 잘살기 위해선

소비가 아닌 저장, 저축, 미래를 위한 대비,

자식을 위한 인내, 공무원의 절제,
정치인의 자기희생이 필요하지만
케인스는 그 모든 진리가 국가라는 케이스에선
적용되지 않는다는 이론을 설파했다.
거시적인 시야를 갖지 못한 자들에겐
케인스의 이론이 마치 당장 경기를 살리고 빈곤을 퇴치하는
그럴듯한 방법으로 보였다.

그렇게 불과 200년도 안 돼서
정부와 중앙은행은 마치 신처럼 사람들의 운명을 결정하고,
살아남을 자와 그렇지 않을 자들을 결정할 권한을 갖게 되었다.
미래에 대한 설계가 아니라,
그저 보이는 외적 성장, 수치에만 집중했다.
기업들은 정부 지원금을 통한 양적 성장에만 집중했고,
대부분의 자원이 쉽게 돈을 빼먹을 수 있는
부동산 개발 쪽으로 몰리게 됐다.

케인스주의가 늘 그렇듯,
분명 이런 방법은 국가에 일시적인 호황을 선물한다.
자산가들은 사방에 부동산을 사들이고, 사치품을 사며
우리가 코로나 시기에 그랬듯, 빚잔치를 벌인다.
정치인들은 표를 받고, 그들의 권력을 강화해나간다.
그리고 그 부채는 전가되고 전가돼서,

평범한 개인들이 빚을 갚게 된다.

이처럼 금리는 단기적인 눈으로 보면

그저 은행의 이자율에 불과한 것처럼 보이지만,

실상은 그 변동성 안에서

자산이 많고, 시스템을 이해하는 자들에게 더 큰 부를 안겨다 주고,

자산이 없고, 시스템에 무지할수록 부를 빼앗기게 만든다.

물론, 객관적으로 생각해보면,

애초에 신용화폐가 만들어진 시점에서

케인스의 이론이 필수불가결한 부분이 있으나,

그의 이론이 주류가 되면서, 개인이 자산을 모으는 걸

훼방하는 중요한 수단이 되었다는 점은 부정할 수 없다.

경기 침체로 금리가 내리는 변곡점이 올 때,

시스템을 이해한 자들은 자산 시장 앞에 줄을 서지만

그렇지 않은 자들은 저축은행 앞에 줄을 선다.

인플레로 인해 금리가 오르는 변곡점이 올 때,

시스템을 이해한 자들은 저축은행 앞에 줄을 서지만

그렇지 않은 자들은 자산 시장 앞에 줄을 선다.

당신은 어떤 줄 앞에 서 있는가?

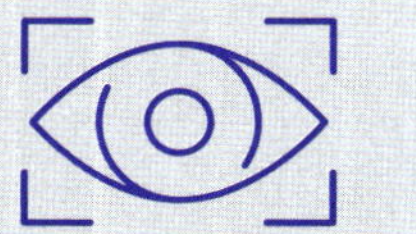

금리 인하의 경제적 영향

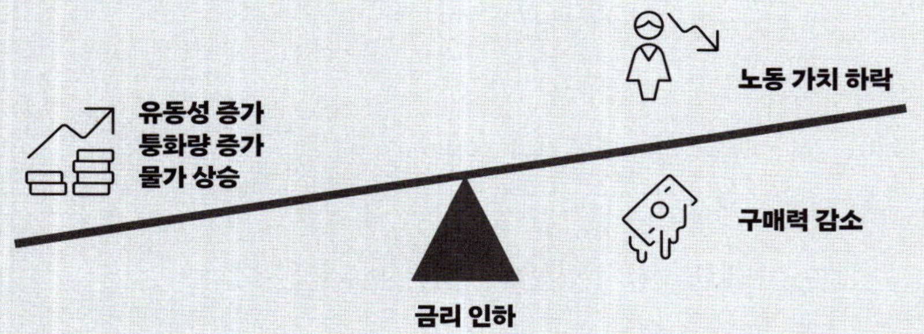

화폐의 양과 회전 속도가 결정한다

사람들은 보통 자신의 기준으로 세상을 판단한다.

때문에 개인의 입장에서 경제가 좋다, 안 좋다의 기준은

내가 먹고살 만한가, 아닌가로 판가름 난다.

이런 개인적인 지표 말고,

넓은 의미에서 경제 상태는 어떻게 알 수 있을까?

이것을 알아야, 어떤 경제정책이 나에게 도움이 되는지

판단할 수가 있을 것 아닌가.

화폐는 혈액이다.

무역로는 혈관이다.

개인 간의 거래는, 모세혈관에 해당한다.

혈액이 온몸을 돌아다니며 영양분을 공급하듯이,

돈은 돌고 돌면서 개인에게 영양분을 공급한다.

세포가 혈액으로부터 영양분을 공급받고

항상성을 유지하는 것처럼,

당신은 거래를 통해 돈을 받고, 그것으로 필요한 식료품을 사고,

자신의 몸에 영양분을 공급한다.

재미있게도 인체에서 일어나는 현상과 사회에서 일어나는 일은

규모의 차이가 있을 뿐 놀랍도록 유사하다.

세상은 미시구조가 모여 거시구조를 만드는

프랙탈 구조를 갖고 있기 때문이다.

결국 경제가 잘 돌아간다는 건

돈이 잘 돌아다닌다는 의미인데,

정부 입장에서 경제를 잘 순환하게 한다는 건

두 가지를 의미한다.

첫 번째, 화폐의 양 자체를 늘리거나.

두 번째, 화폐의 회전 속도를 올리거나.

이 두 가지를 이용하여 정부는 경제를 '살린다고' 표현한다.

첫 번째, 화폐의 양을 늘리는 일은 찍어내면 된다.

하지만 무분별한 발권은 화폐의 가치를 폭락시키기에,

정부는 경제가 얼마나 성장하는지 판단하여

늘어난 경제성장률만큼 '적절하게' 화폐의 양을

늘려나가야 한다.

물론 이 '적절한 양'이라는 건 어디까지나

경제학자들과 정치인들의

'객관적인 것처럼 포장된 주관적인 통계'에 의해

늘어나기 때문에, 항상 실제 경제성장률보다

더 많은 화폐가 발행되기 쉽다.

왜냐하면 정치인들은 더 많은 돈을 쓸수록

당선에 유리하기 때문이다.

또한 국민들은 정부가 기업들을 키워서,

그 열매를 수확할 때까지 기다려줄 만큼 인내심이 좋지 않다.

당장 '눈에 보이게' 경제를 살리길 원한다.

그렇게 과잉 공급된 화폐들은 사회의 자원을

제대로 배분하지 못하고, 양극화를 초래한다.

이런 관점에서 생각해보면, 굳이 화폐 인플레이션을

정치인들이나 경제학자들의 탓이라고 할 필요는 없다.

사회 안에 속해 있는 개인들은

자신의 의사로 결정을 내린다고 생각하겠지만,

결국 전체적인 관점에서는 인간의 몸처럼 시스템으로

돌아가기 때문에, 악하든 선하든 간에, 각자 사회에서

필연적으로 있어야 할 배역을 맡게 되기 마련이고,

그 결과물들은 필연적으로 화폐 인플레이션으로 귀결된다.

사람의 몸이 늙듯이, 국가도 늙어간다.

두 번째, 화폐의 회전 속도를 올리는 일은

기술의 발전과 궤를 같이한다.

인간의 거래 속도는 컴퓨터로 치면 연산 속도와 같기 때문에,

사회 전체적으로 많은 거래가 효율적으로

빠르게 일어날수록 사회는 빠르게 발전한다.

신용카드가 처음 나왔을 때, 현금을 인출하고 정산하고,

입금하는 시간들이 개인에게는 별게 아니었지만,

사회 전체적으로는 어마어마한 비용 절감 효과를 가지고 왔다.

마찬가지로 이제는 익숙해진 삼성페이나 애플페이 역시,

화폐의 순환 속도를 빠르게 개선해줬다.

하지만 화폐의 순환 속도가 빨라진다는 건

개인들이 돈을 모으기가 점점 힘들어지고,

더 소비 지향적으로 변한다는 걸 의미한다.

현금을 가지고 다니는 게 귀찮아서 소비를 안 하던 것들을

손에 항상 붙어 있는 스마트폰과 페이 시스템 때문에,

필요하지 않아도 더 많이 사게 된다.

현대 경제 시스템은 어떻게 해서든

사람들이 저축이 아니라, 소비를 하게 유도한다.

건전한 국가에서는 기업들, 개인들이 생산적인 걸 만들어내고,

수출을 하면서, 자연스럽게 사회의 경제 규모가 커지고,

건전한 정치권에선 경제 규모에 맞는 정도의 화폐를 찍어낸다.

그리고 기술과 제도 개선을 통해,

그 화폐가 최대한 빠른 속도로 유통되게 만든다.

반면 나이가 들어 노쇠한 국가에서는

기업들의 생산성이 점점 떨어져감에 따라,

국가의 경제성장률은 점점 떨어진다.

국민들의 불만은 점차 커지고,

정치권에서는 포퓰리즘이 성행하고,

그들은 케인스의 이론을 들먹이며

경제성장률과 상관없이 화폐의 양, 빚의 양을 늘려나간다.

또한 화폐의 유통 속도를 올리기 의해

기술이나 제도의 개선이 아니라,

'강제로' 돈을 모으지 못하고 뱉어내게 만든다.

화폐를 늘린다는 건 강제로 인플레이션을 유발한다는 말이고,

인플레이션이 심화되면 사람들 사기에선 자신의 돈이

휴지가 되기 전에 더 빨리 돈을 쓰려는 행동이 발생한다.

이런 경기 부양법은 분명 단기적으로는

경제가 살아나는 것 같은 착시 효과를 주지만,

결국 더 큰 대가를 치르게 되며,

그 끝에는 결국 하이퍼 인플레이션의 운명을 맞게 된다.

자, 그렇다면 이제 경제정책 이야기를 해보자.

당신에게 어떤 경제정책이 도움이 되는지 생각해보자.

당신이 자산가라면,

서민을 위한다고 소리치며 경기를 부양하는 정치인이 유리하다.

그들은 통화를 팽창시키고, 소비를 진작시켜

당신이 가진 자산의 가치를 올려줄 것이고,

당신은 별다른 노력 없이도 부를 늘려나갈 수 있다.

반면에, 당신이 만약 자산이 없는 평범한 사람이라면,

서민을 위해 경기를 부양하는 정치인은 불리하다.

통화 팽창은,

당신의 노동 가치를 훼손시킬 것이기 때문이다.

당신은 비록 일시적으로 경제가 살아나는 것 같은

느낌은 받을 수 있으나,

당신의 급여는 점점 구매력을 잃을 것이다.

참 아이러니하지 않은가?

따라서 정치인들을 선택할 때 선악보다 중요한 건,

그들이 어떤 편에 서 있는가를 보는 것이다.

이것이 바로 경제정책을 볼 때 당신이 가져야 할 기준이며,

어떤 정치인이 진정 당신의 편인지

냉철하게 판단할 수 있는 눈이 된다.

세상을 바라보는 눈이 필요하다

대체 정부는 무엇을 위해 존재하는가?

인간 문명은 농사로부터 시작되었다.

이것은 개인이 더 이상 현재에 안주하지 않고,

미래를 위해 자신을 이겨낸 시작점이었다.

미래를 위해 공부하고,

미래를 위해 자산을 모으고,

미래를 위해 결혼을 하고,

미래를 위해 자식을 낳는다.

그렇게 개인의 생산성이 모이고 모여,

국가라는 커다란 집단의 부가 완성된다.

미래를 꿈꾸는 자가 없다면, 사회도 존재하지 않는다.

다들 자신 하나만 먹고사는 것만 꿈꾼다면,

구태여 우리가 더 일하고, 더 모을 필요가 있겠는가.

하지만 개인이 처음으로 농사를 짓고 수확물을 생산했을 때,

아주 중요한 문제가 생겨버렸다.

당신이 원시시대에 농작물을 수확했다고 해보자.

지나가는 행인 A가 당신의 수확물을 날름 먹어버린다.

당연히 당신은 왜 내 것을 먹냐고 화를 낼 것이다.

행인 A는 당신에게 말한다.

"땅에 주인이 어딨어?"

이것이야말로 국가의 존재 이유다.

국가의 존재 이유, 정부의 존재 이유,

집단의 존재 이유는

바로, 자산권이다.

농작물은 땅으로부터 나온다.

하지만 옛날에는 땅이 그 누구의 것도 아니었다.

땅은 그저 땅이었고, 내가 밭을 일궜다고 해서,

내가 그 수확물을 가져갈 권리 같은 건 어디에도 없었다.

만약 내가 흘린 땀방울을 내가 가져갈 수 없다면,

그저 힘 있는 자가 모두 가져가버린다면,

더 이상 사회에 생산성이란 존재할 수 없으며,

170

인간 사회는 영원히 제자리에 멈출 수밖에 없는 운명이었다.

이런 문제를 해결하기 위해,

사람들은 자산권이라는 개념을 만들어냈다.

그들은 돌에, 나무에, 종이에, 글과 그림을 그리고,

줄을 그어 소유의 개념을 만들었다.

애초에 물질세계에 주인이 어디 있겠는가.

하지만 인간은 상상력을 통해 세상에 재미있는

게임판을 만들어냈다.

이 땅은 누구의 것, 이 나무는 누구의 것.

이것을 가지려면 어떤 것을 가져와야 하며,

이것은 누가 관리하고, 누가 지키며, 누가 통치하는가.

사실 사회 시스템이란 건,

커다란 게임 시스템과 다름이 없다.

우리가 소유하고 있다고 착각하는 자산들은

허상일 뿐이며, 그걸 인정해주는 시스템기 없다면,

애초에 그저 힘 있는 자가 차지할 뿐이다.

그렇게 소수의 사람들은 먹고사는 길,

즉 농업에 종사하지 않는 대신,

사회의 자산권을 지키기 위한 역할을 부여받았다.

정치인, 공무원, 경찰, 군인, 모두는

사회라는 커다란 게임판을 운영하기 시작했다.

그들은 국기를 만들고, 국가를 만들고,

여러 가지 설화를 만들었다.

나라의 상징물들과 이야기들이 존재하는 이유는

집단의식을 고취시키고 사람들 간에

국민이라는 소속감을 주기 위해서다.

우리가 흔히 알고 있는 단군신화, 백의민족, 한민족,

각종 위인전과 이야기들은

우리를 대한민국이라는 정체성으로 묶는 역할을 한다.

이 혁신적인 발명은, 분명 인간 문명을 획기적으로 발전시켰다.

하지만 문제가 생겼다.

개인이 자신의 욕망을 위해 농사를 짓고,

돈을 벌고, 자산을 쌓듯이

사회를 운영하는 족장, 영주, 왕, 정치인들 역시,

똑같은 욕망을 가지고 있다는 점이었다.

그들은 점점 자신들에게 주어진 역할 이상의

권한을 행사하기 시작했다.

그때부터였다.

개인과 국가 간의 자산권을 둘러싼,

끝나지 않는 싸움의 역사가 시작되었다.

두 집단은 서로에게 필수 불가결하기에,

마치 사자와 토끼가 한 우리에서 지내는 듯한

어색한 동거가 시작되었다.

자산권이 개인에게 가면 국가는 번영했다.

이것은 너무나 당연한 결과였다.

내가 땀 흘린 과실을 온전히 가져갈 수 있다면,

열심히 일하지 않을 이유가 어디 있겠는가.

하지만 사회가 시간이 지나면서 나이를 먹다 보면,

필연적으로 노화가 찾아온다.

개인에게 노화란 몸의 부패, 썩어감을 말하듯이,

국가에게 노화란 마찬가지로 사회의 부패,

바로 양극화를 말한다.

양극화가 벌어지면, 개인들의 시간이 가고, 정부의 시간이 온다.

양극화는 정치인들의 가장 좋은 먹잇감이 된다.

개인은 다수이고, 정부는 소수이기에,

소수가 다수를 이기는 가장 좋은 방법은 내분밖에 없다.

정부는 개인들의 불만을 파고들어 주도권을 잡는다.

정치인들의 정치력이란

지지자들에게 원하는 말을 해주고,

자신이 원하는 바를 얻는 것을 말한다.

선한 정치인은 자신의 권력을 포기하고,
개인에게 자산권을 돌려줬다.
악한 정치인은 자신의 권력을 강화하고,
개인의 자산권을 '합법적으로' 가져갔다.

인간은 모두 자신의 욕망에 따라 살기에,
선한 정치인이 나오기 어려운 구조이며,
대부분 악한 자들이 권력을 잡기가 쉬웠다.
또한 그들은 지배에 대한 정당성을 부여하기 위해
인간이 만든 '종교'를 만들었다.

이건 신에 대한 믿음, '신앙'과는 다르다.
인간이 만든 종교는 항상 일정한 방향성을 가진다.
바로 신을 향한 믿음 이전에,
그 믿음을 대리하는 누군가가 존재한다.
그리고 그 대리자가 모든 권한을 움켜쥐고
권력을 휘두른다.

르네상스시대 이전까지만 해도,
인간들은 종교 안에 갇혀 모두 신이 아닌
인간의 노예로 살았다.
하지만 문명의 발달로 신의 존재에 대한 믿음이 약해지고,
정보의 발달로 더 이상 과거의 종교 장사가 통하지 않자,

지배자들은 다시 기존에 없던
새로운 종교를 만들어내야 했다.

바로 '무신론'이라는 이름의 종교다.
신이 없다고 믿는 믿음은 겉으로 보면
과학과 이성, 합리성으로 보이지만,
결국 눈에 보이는 물질세계가 전부라는 유물론으로 귀결됐다.
더 이상 인간에게 신이 존재하지 않는다면,
물질세계의 성공이 인생의 전부가 돼버린다.
물질세계의 성공이 전부라면, 자연스럽게 성공하지 못한 자들,
대다수의 인간들은 패배자가 돼버린다.

정치인들은 자연스럽게 물질세계에서 패배한 자들의
대리자가 되어 성공한 자들과 싸우는 척하며,
자신의 지배력을 확대해나갔다.
이것이 바로 현대사회의 지배 메커니즘이며, 21세기의 종교다.

민주주의나 사회주의라는 단어는 본질을 가리는 가림막일 뿐이다.
여러 가지 용어로 포장되지만, 결국 본질은 하나로 귀결된다.
자산권이 개인과 정부, 어디에 속해 있는가.

정부가 모든 자산을 움켜쥐고 나면,
그때부터 개인의 자유는 사라지고, 국가의 멸망이 찾아온다.

정부는 생산을 하지 않기에,

국가는 더 이상 생산적인 걸 만들어내지 못하며,

인간이 죽어 흙이 되듯이 국가라는 시스템도,

엔트로피 증가에 의해 사라져버린다.

그리고 그렇게 아무것도 남지 않은 잿더미에서,

새싹이 피어나듯이 다시 개인들은 자산을 모으며

새 나라를 만들어낸다.

대한민국은 다행히도,

너무나 좋은 본보기가 바로 위에 붙어 있기 때문에,

자산권이 국가에 모두 귀속되었을 때 어떤 결과가 나오는지,

쉽게 깨달을 수 있다.

남과 북은 이념적으로 갈라졌으며,

이 이념의 중심은 겉으로 보이는 공산주의, 민주주의라는

단어에만 집중해서는 파악할 수가 없다.

그 중심에는 자산권, 다른 말로 생산수단이 있다.

생산수단을 나라가 가지는가, 아니면 개인이 가지는가.

이것이야말로 국가의 나이를 가늠할 수 있는

가장 중요한 지표다.

생산수단은 크게 세 가지로 볼 수 있다.

땅, 자본, 그리고 개인이 행사하는 노동력이다.

정부가 이 세 가지를 가져가게 되면,

그 사회가 어떤 체제를 표방하든지 간에,

개인의 자유는 모두 사라져버린다.

대한민국은 해방 후 땅과, 자본과. 노동력이

개인들의 손에 남겨졌다.

북쪽에 있는 나라는

땅과, 자본과 노동력이 국가의 손에 넘겨졌다.

땅을 국가가 가져가자,

개인은 자신의 가치를 저장할 가치저장수단을 잃어버렸다.

그들은 노동의 땀방울을 온전히 가져가지 못한 채,

소작농으로 전락했으며, 수확물을 가져가지 못하니,

열심히 일할 이유 역시 찾지 못하게 되었다.

그들의 자본은 국가가 가져갔다.

민간 기업은 존재할 수 없었다.

그들은 열심히 화폐를 모아봤자,

정부는 발권력을 통해 그들의 화폐가치를 도둑질해갔다.

또한 화폐개혁이라는 이름하에,

사실상 개인들이 가진 화폐의 가치를 1/10토막 내놓기도 했다.

노동력 역시 그들의 가치저장수단이 되지 못했다.

그들은 직업 선택의 자유가 없기에,

자신이 원하는 곳에서 노동을 할 수 없었고,

노동으로 얻은 가치물은 모두 국가가 수거해갔다.

이것이 바로, 생산수단을 국가가 모두 가져갔을 때
일어날 수 있는 최악의 형태라고 할 수 있다.

하지만 국가의 노화는 그 안에 있는 개인들이
파악하기가 굉장히 어렵다.
정치인들은 항상 교묘한 언어를 통해,
원하는 바를 달성하기 때문이다.

대한민국에는 70년간 양극화가 쌓여왔고,
마침내 개인의 시대가 지고, 정부의 시대가 오고 있다.
자본은 점차 국가에 귀속되고 있다.
기업의 세금은 점차 늘어나며, 간접세 또한 야금야금 올라간다.

국가에서 만드는 복지 시스템, 육아휴직이나, 휴일 증가
모두 사람들의 박수를 받지만, 중요한 질문이 생략되어 있다.

누구의 돈으로 하는가?

결국 에너지원은 기업으로부터 나오지만, 생색은 정부가 내며,
기업을 운영하는 사람보다는 노동자들이 다수이기에,
기업의 자본은 점점 국가 시스템의 일부로써 활용된다.
사람들은 기업과 노동자를 분리해서 생각하지만,
기업 역시 개인이며, 기업이 사라진다는 건

다른 사람들도 사업할 기회를 잃는다는 것과 같은 의미다.

따라서 늙고 병든 국가일수록

자산소득이 사업소득을 압도하기 시작하며,

사람들이 굳이 리스크를 지고 창업을 해야 할

유인이 점점 사라져버린다.

그렇게 노동자들이 욕하던 기업이 사라지면

좋은 일자리는 점차 사라지고,

외화를 벌어올 기업이 사라지니

점차 환율이 오르고 물가가 오르기 시작한다.

모든 생산수단이 국가에 귀속되었을 때,

사람들은 생산할 의욕을 잃어버린다.

더 이상 자산을 모으지 못하는 인간은

농사를 짓고도 수확물을 가지지 못하는 농부처럼,

더 이상 생산적인 것을 생산하지 않는다.

생산이 없다면, 국가라는 틀을 유지할 수 있는 돈이

사라진다는 것을 뜻하며, 그 끝은 당연히 소멸로 귀결된다.

전조 증상은 항상 미리 나타난다.

개인이 만들 수 있는 가장 큰 생산력은 구엇인가?

바로 자식이다.

자식은 생산성이기도 하지만,
부모의 생산성을 올리는 가장 큰 동기가 된다.
따라서 출산율이 떨어진다는 건 나라의 생산성이
꺾이고 있다는 것을 의미하며,
자산권이 대부분 국가로 넘어갔음을 의미한다.

자, 이쯤에서 자신이 가진 정치관들을 죽 훑어보자.
누구는 나쁜 놈, 누구는 착한 놈, 어떤 나쁜 일이 있었고,
어떤 억울한 사건이 있었고,
당신의 머릿속에 가득 차 있는 그 편향된 정보들은
당신과 정치관이 비슷하다고 생각하는 사람과 대화하다 보면,
놀랍도록 일치됨을 깨달을 수 있을 것이다.

과연 그 정보들이 당신 머릿속에 우연히 들어온 것일까에 대해,
한번 의문을 가져볼 필요가 있다.
정치는 스포츠가 아니다.

당신이 정치에 관심을 가져야 하는 이유는
자신의 삶의 방향을 잡기 위해서이지,
누군가의 손가락을 따라 고개를
이리저리 돌리기 위함이 아니다.

마음속에 신이 필요하다

자유시장경제는 분명, 인류사를 통틀어 가장 우수한 제도다.

인간의 욕망을 사회의 발전으로 이끄는 방법은

그들의 욕망을 억압하기보단 인정하고 풀어두는 것이다.

욕망을 풀어둔다는 건 정부가 본연의 역할,

즉 시장의 심판으로서의 역할에만 집중하고,

생산수단을 온전히

개인들의 손에 맡겨둔다는 것을 의미한다.

어째서 통제된 시장보다 자유로운 시장이 더 우수할까?

모든 자연현상은 순리대로 내버려둘 때,

가장 좋은 에너지 효율을 보인다.

당신이 물을 가지러 간다고 해보자.

물컵을 향해 직선으로 걸어가서, 팔을 직선으로 뻗고,

최소한의 경로로 물컵을 입에 가져갈 것이다.

이것이 바로 자유시장경제의 원리다.

누가 가르쳐주지 않아도, 본능적으로

최소한의 에너지가 들어가는 방법을 도출해낸다.

하지만 만약에, 누군가 당신이 물을 가지러 갈 때

곡선으로 가야 한다는 법을 만들었다고 해보자.

더 이상 당신은 효율적으로 에너지를

사용할 수가 없어져버린다.

이처럼 규제는 비효율을 만든다.

수천만 인간의 행동을 몇 가지 법으로 죽죽 선을 긋고

통제해버리면, 필연적으로 시장은 점점 비효율적으로 변한다.

(물론 필자는 시장의 완전 자유를 꿈꾸거나,

무정부를 지향하는 아나키스트는 아니다.)

어찌 됐든 자유시장경제는 분명 인간이 선택할 수 있는

가장 좋은 제도인 것은 틀림없지만,

안타깝게도, 완벽한 제도는 아니다.

애초에 인간의 제도는 완벽할 수가 없다.

그렇다면 자유시장경제의 문제점은 무엇인가?

시장이 가장 효율적이려면, 개개인이 이기적 욕망에 의해

움직여야 하는데, 여기서 문제가 생겨난다.

건설사를 운영하는 B라는 사장이 있다고 해보자.

그는 '겉으로 보기에 좋아 보이는 아파트'를

짓는 게 이익이다.

하지만 유해한 건설 자재를 섞어 지어서

그 안에 사는 사람들이 수십 년 후에 병이 걸리든 말든,

그 사람의 경제적 이익과는 무관하다.

아파트를 구매한 사람들이

추후 커다란 건강상의 손실이 생긴다면,

즉 사회적 자원이 손상되고 낭비되므로,

효율적인 시장이라고 말하기 어렵다.

사장 밑에서 일하는 인부를 생각해보자.

그는 정해진 시간을 채우고,

'사장에게 보이는 한도' 내에서만 열심히 일하면 된다.

보이지 않는 곳에서 일을 대충하고,

건물의 마감을 대충대충 해도,

손해는 입주자와 사장이 입으므로

그의 경제적 이익과는 무관하다.

이것이 바로 자유시장경제에만 의존할 때의 맹점이다.

그리고 자유시장경제는 필연적으로 사회주의를 잉태한다.

정치인의 이익은 무엇일까?

바로 정부의 지출을 늘리고, 공무원을 늘리고,

규제를 많이 만드는 것이다.

사람들이 정부에 더 의존할수록

정치인의 권한은 점점 강해진다.

보수 자유시장주의자들은

자신들의 욕망과 이익에 따라

경제적 이익을 추구하면서, 정치인들은 중립적으로

시장의 균형을 유지해야 한다고 훈계한다.

하지만 정치인 역시 그저 시장 안에 있는 개인일 뿐이기에

그들의 자유시장경제란, 정치 시스템 속에서

자신들의 이익을 추구하는 것,

즉 부정부패로 귀결된다.

진보 사회주의자들은 정부가 부패했으므로

지도자를 갈아 치우고, 더 많은 규제와 법을 통해

이것들을 해결해야 한다고 주장한다.

하지만 결국 규제와 법은 정부의 권한을 더 강화시키므로,

결과적으로 더 큰 부정부패를 초래한다.

왜냐하면, 이기적인 인간을 컨트롤하기 위해서

이기적인 인간에게 권한을 쥐어주다 보면,

결국 하나의 가장 이기적인 인간이

모든 걸 틀어쥐게 되기 때문이다.

이건 시스템이 문제를 해결할 수 있다고 믿거나,

도덕적인 결정이 더 나은 결과를 만든다는

인본주의 사상에 그 뿌리를 두고 있다.

하지만 둘 다 결과는 정치의 부패와 양극화를 초래하며,

그저 빠르고, 느리고의 차이가 있을 뿐이다.

사람들은 자신들이 서 있는 위치에 따라

보수와 진보의 입장을 가를 뿐,

자신들의 이익을 추구한다는 본질에서 벗어나지 않는다.

결국 인간이 만든 시스템과 사회는

그저 이기심의 총합일 뿐인 것이다.

그렇다면, 진정으로 시장을 효율적으로 돌리려면

무엇이 필요할까?

자유시장경제의 왼쪽 날개에 필요한 건 복지 같은 게 아니다.

우리에게는 남이 돕기를 바라는 자가 아니라,

스스로 남을 돕는 자가 필요하다.

바로 마음속에 신이 있는 자들이다.

이상하다는 생각이 드는가?

그건 당신이 세상일을 분획화해서 생각하도록
누군가에게 주입받았기 때문이다.

사회와 정치, 종교, 문화는 한 몸처럼
서로 영향을 주고받으며 움직이기에,
어느 하나만 똑 떼어 생각하다 보면
절대 원하는 답을 얻을 수 없다.

마음속에 있는 신은 신앙이고, 양심이기도 하며,
남에 대한 연민이기도 하다.
마음속에 '진짜' 신이 있는 인간만이
남이 자신을 보지 않는 곳에서,
오직 신이 지켜보는 가운데 시장경제의 반쪽을 채워준다.

실제로 소련이 무너지고 나서,
절대 오랫동안 유지될 수 없는 시스템이
어찌 그리 오래 유지됐는가를 조사했을 때,
순수한 선의를 가진 인간이 있었기 때문이라는
결론이 나오기도 했다.

신앙 없는 자유민주주의는 허상이며,
그렇기에 자유민주주의의 발원지인 미국의 청교도들은
어느 곳에 도착하든지 가장 먼저 교회를 지었다.

인간의 법이 작동하지 않을 때, 그 빈칸을 교회가 채워주었다.

우리나라가 빠르게 발전할 수 있었던 이유는

자유시장경제만 받아들인 게 아니라,

그들의 신앙 역시 같이 품었기 때문이다.

현재 중국은 빠른 속도로 경기 침체가 오고 있다.

문화대혁명을 통해 전통적 가치가 모두 무너진 채,

그들의 마음에 물질 이외에는 아두것도 남지 않았기 때문이다.

오히려 중국이야말로 지구상의 가장 순수한 자본주의 국가다.

북유럽은 어째서 한때 사회주의 국가로 번성하였는가?

국민의 90% 이상이 신앙인이었기 때문이다.

항상 보이지 않는 것들이, 보이는 것들을 움직인다.

인간은 마음속에 신을 품지만,

통치자들은 그 자리에 자신이 채워지길 원한다.

역사적으로 통치자들은 인간의 욕망만으로

나라가 운영될 수 없다는 것을 알기에,

신을 향한 신앙이 아니라, 인간의 종교를 만들었다.

도교, 유교, 중세 가톨릭, 아즈텍의 태양신,

모두 인간의 이기심을 컨트롤하려 했으나,

항상 한계가 있었다.

결국 종교가 인간의 시스템 중 일부가 되어,

인간을 통치하는 수단이 되었기 때문이다.

예를 들어, 인도의 브라만은 불가촉천민들을 통치하기 위해

그들이 충실히 브라만에게 복종하면,

내세에 브라만으로 환생할 수 있다는 믿음을 설파했다.

신앙이 아닌 인간이 만든 모든 종교의 본질은

결국 말 잘 듣는 국민을 만드는 데 있다.

종교는 그 자체로 통치에 안정감을 주고,

사회적 불만을 누그러뜨리지만

결국 인간을 인간의 노예로 만든다.

사유재산이 없는 노예는 생산을 늘리지 못하므로,

국가는 유지되지 못한다.

르네상스시대를 지나,

인간의 마음에서 신의 존재가 점점 희미해지자,

인간에게는 더 이상 선하게 살 이유도 사라졌다.

사회가 돌아가기 위해선, 신의 자리를 대신할 종교가 필요했다.

그들의 마음엔, 무신론이라는 이름의 새로운 종교가 자리 잡았고,

그 종교는 공산주의, 사회주의 등 다양한 이름으로 바뀌었으나,

결국 본질은 인간 마음에 있는 정의와 도덕 관념을 비틀어,

통치의 수단, 즉 무신론자들을 위한 종교로 삼았다.

기존의 종교들이 그러하듯이,

사회주의 역시 인간과 신 사이에 우상을 세워

신에 대한 믿음을 가로챘다.

중세 로마 가톨릭이 교황과 사제가
면죄부를 팔고, 고해성사를 받으며,
성경을 라틴어로 바꿔 신의 말씀을 독점하였듯이,
사회주의자들은 자신들이 정의와 도덕의 대리자, 사제로서,
시장에서 낙오되어 절망한 자들의 빈 마음에 파고들어,
그들에게 자존감을 심어주고,
시장의 승리자들을 벌줌으로써
사회적 약자들에게 카타르시스를 느끼게 해주었다.

그들은 실상 정의와 도덕엔 그다지 관심이 없었다.
그들은 약자를 돕는다고 말하지만
결국 지지자들의 분노를 이용하여 가진 자를 파괴하고,
그 이익물을 자신들이 가져갔다.

사회에 불행한 자들이 많아질수록 그들의 지지는 견고해지며,
항상 가진 자들에 대한 대중의 분노를 이용하기에,
사회주의를 지지하는 자들이 유일하게 등을 돌리는 경우는,
바로 시장의 승리자들을 때려잡지 않을 때뿐이다.
그들이 원하는 건
절망으로부터의 도피와 자존감의 회복이기 때문이다.

인간은 항상 나약하기 때문에,
마음속에 무언가를 채우지 않고는 살아갈 수가 없다.

그 자리에 신앙이 존재하지 않는다면, 다른 무언가,

결국 인간을 노예로 만들기 위한

인간이 만든 종교가 자리 잡게 된다.

소금이 맛을 잃으면 세상의 간을 맞출 자도 사라지듯이,

자유시장경제를 채우는 마지막 열쇠는

법을 고치거나 이념을 바꾸는 게 아니다.

사람들은 자유에 대해 커다란 착각을 하고 있다.

자유란, 하고 싶은 걸 할 수 있는 것만 말하는 게 아니다.

내가 해선 안 될 것들을 하지 않을 자유 역시 포함된다.

마약을 하거나, 사이비 종교에 빠진 사람들을

자유롭다고 하지 않는 것처럼,

내 삶이 파괴되는 걸 인지하면서도

소비와 집착, 중독을 끊을 수 없는 건 자유가 아닌

누군가에 의해 통제된 삶일 뿐이다.

결국 진짜 자유시장경제를 이루기 위해선,

빛이 보이지 않게 세상을 비추듯이

인간의 마음속에 신이 존재해야 한다.

이 마지막 퍼즐을 찾고 나면

당신의 머리에 자리 잡은 가짜 지식들은 사라지고,

마음속 분노는 가라앉은 채

세상을 보다 정확하게 볼 수 있게 될 것이다.

개인은 시장을 이길 수 없다

주식시장은 역전의 발판 같은 곳이 아니다.

시장의 승리자들이 자신의 위치를

더 굳건하게 하는 단상일 뿐이다.

우리가 알아야 할 건,

어떤 투자자도 시장의 정확한 움직임을

예측할 수 없다는 것이다.

테슬라가 좋은 기술로

시장을 선도할 거라고 예측할 수는 있지만,

일론 머스크가 언제 죽을지는 예측할 수 없다.

투자로 쌓아 올린 수십 년의 과실은

단 한 번의 블랙스완으로 무너지기도 한다.

우리는 자산 시장을 바라보는 관점을

완전히 수정할 필요가 있다.

돈에 대한 갈망이 있는 자들에게

주식시장은 위로 올라가는 사다리처럼 보일지 모르나,

자산가들이 바라보는 주식시장은

자산을 보관하는 금고일 뿐이다.

정부에선 사행성 도박은 하면 안 된다고 하면서도,

돈을 넣고 오르길 기도하는 주식시장은 적극적으로 권장한다.

생각해보면 웃기는 일이다.

도박장은 돈을 번다.

왜냐하면 도박하는 자들이 돈을 잃기 때문이다.

금융사들도 돈을 번다.

왜냐하면 주식을 하는 자들이 돈을 잃기 때문이다.

그 말은 당장 내일 주식을 안 하던 사람이 주식을 했을 때,

얻을 확률보다 장기적으로 잃을 확률이 더 높다는 걸 의미한다.

주식시장에서 돈을 잃는 사람들 대부분은

개별 종목을 통해 인생역전을 꿈꾸다 발생한다.

경제지표 해석이나 기업 분석 같은 건 당신이 도박이 아닌

투자를 하고 있다는 자기 위안을 줄 뿐이다.

아마 이 글을 읽는 사람들은

내가 지나치게 주식시장에 부정적인 생각을 가진다고

생각할 수 있으나, 이건 수많은 거인들의 경험을 통해
완성된 명백한 진실이다.

투자의 대가로 불리는 워런 버핏은
2000년대 중반, 향후 10년 동안 개부분의
헤지펀드들이 S&P500 ETF의 평균 수익률을
넘을 수는 없을 것이라고 호언장담했고
내기로 검증해보자고 제안했다.

테드 세이데스Ted Seides는 워런 버핏의 내기를 받아들이고,
자신이 가장 유망하다고 생각하는 다섯 개의 헤지펀드를 골라
10년 후, 그들의 평균 수익률을 S&P500 수익률과 비교했다.
결과는 당연히 버핏의 승리였다.

아무리 뛰어난 펀드 매니저라도
장기간 시장의 평균 수익률을 뛰어넘는 건 거의 불가능하다.
실제로 대부분의 펀드 매니저들의 수익률은
시장 평균에 비해 형편없으며, 수익률로 돈을 벌기보단,
고객의 수수료로 돈을 번다.
그들이 번 만큼 고객들은 돈을 잃을 뿐이다.

애초에 시장의 평균 수익률을 얻을 수 있게 해주는
ETF라는 완벽한 시스템이 만들어진 상태에서,

개별 종목 매매는 투입되는 시간 대비 효율적이지 않다.

하지만 모두가 ETF만 한다면,

금융사는 당신의 에너지를 뺏어 먹을 수 없다.

금융시장에 한정해서, 모두가 이기는 게임 따윈 없다.

금융의 세계에서 돈이란,

누군가 얻는다면 누군가 잃는 법이기 때문이다.

그들은 당신의 머리가 복잡해지길 원한다.

안정적인 ETF의 수익보다

100%, 200%의 수익을 꿈꾸게 만든다.

미디어는 계속해서 자극적인 기사를 퍼다 나른다.

어떤 종목이 한 달 만에 수십 배를 뛰었다,

어떤 사람이 부자가 되었다.

이런 자극들은 느리지만 안전한 길을 가려 하는

당신의 결심을 흔들고,

장기 투자자들을 주식쟁이로 만들어버린다.

이런 방법들은 물건을 파는 기업들의 방법을

그대로 답습하여 개인의 열등감을 자극한다.

또한 주식시장의 변동성은

당신을 호가 창 앞에서 떠나지 못하게 한다.

변동성은 당신의 머릿속을 잠식하고,

떨어진 가격이 마치 당신의 성적표인 것처럼,

일상생활에 집중하지 못하게 한다.

반면, 노동 소득이 탄탄한 사람들은 변동성을 쉽게 이겨낸다.

왜냐하면, 그들은 어느 정도 손해를 신경 쓰지 않을 정도의

현금 파이프라인을 이미 구축해놓았기 때문이다.

혹자는 그게 투자 실력과 무슨 상관이냐고 생각할 수 있으나,

주식시장에 오래 있던 사람들은 갈 것이다.

노동 소득이란, 수십 년 인생에 걸쳐 따낸 입장권이다.

따라서, 자격이 안 되는 사람들은

굳이 주식시장에 진입하기보단,

노동 소득을 올리는 데 집중하는 게 상대적으로 훨씬 효율적이다.

굳이 주식시장에 돈을 넣는다면, 이미 수십 년에 걸쳐 검증된

ETF 시스템을 이용하는 것이 가장 합리적인 방법이다.

또한 부동산 투자는 더 이상 역전의 발판이 되지 못한다.

부동산은 분명 주식보다 더 쉬운 가치저장수단이다.

하지만 주식과 마찬가지로, 부동산 역시

입장권으로 사람들의 무분별한 유입을 제한한다.

부동산의 입장권은, 돈이다.

기본적으로 수억 원 단위의 돈이 필요하며,

일단 시장에 진입하여 좋은 매물을 선점하기만 하면,

그다지 다른 걱정 없이 시간이 쌓이면서

자연스럽게 남들보다 더 우월한 위치를 선점할 수 있다.

또한 기본적으로 매매가 쉽지 않기에,

주식 같은 가벼운 자산과는 다르게

자연스럽게 장기 투자가 된다는 장점이 있다.

주식은 매일 가격이 갱신되지만,

부동산은 거래가 이루어질 때까지는 가격 변동이

소유자의 눈을 자극하지 않기 때문에,

정신적으로 더 안정적이며, 무엇보다 가격이 떨어지더라도

주거의 가치를 누릴 수 있기에,

여러모로 자산가들이 좋아할 수밖에 없는 자산이다.

하지만 현재의 부동산 시장은,

양극화로 인해 점점 투자 상품으로서의 매력을 잃고 있다.

어떤 사람들은 부동산을 볼 때

상권과 입지를 분석하고, 정책을 분석하는데,

그보다 앞서 근본적인 부분을 이해하지 못한다면,

노력은 그저 의미 없는 시간이 될 뿐이다.

투자의 본질은 나의 남는 금융에너지를

어딘가에 저장하는 것이다.

내가 저장한 그릇이 매력적일수록

더 많은 에너지가 나의 그릇 안으로 흘러들어온다.

기본적으로 투자는 낚시와 비슷하며,

좋은 매물을 고른다는 건,

좋은 포인트를 선점하는 것과 같다.

낚시꾼이 물고기가 많이 몰려들 곳을 찾는 것처럼

우리는 돈이 가장 많이 고이는 곳,

즉 사람들의 욕망이 가장 마지막에 모이는 곳을 찾아야 한다.

당신이 당장 100억 원짜리 복권이 당첨됐을 때

제일 먼저 살 자산,

그게 바로 모두가 원하는 가치저장수단이다.

아마도 우리나라에 한정해서는 강남 아파트가 될 것이다.

강남 아파트가 가진 장점은 단순히 거주의 편리함을 넘어,

쉽게 현금화가 가능하고, 인적 네트워크를 구성하기가 쉽고,

사회적 명예를 부여하는 역할을 한다는 것이다.

사람들이 욕을 많이 한다는 건

그만큼 갖고 싶은 사람이 많다는 걸 의미한다.

사람들이 관심 없는 자산은 입에 오르내리지조차 못한다.

현재는 정보화 사회로 인해

모든 부동산 자산의 줄 세우기가 끝났기 때문에,

웬만해서는 그 순서가 바뀌기 어렵다.

작은 호재도 바로바로 반영되기에.

굳이 진주가 거의 없는 흙바닥을 파고 다니는 건
그다지 현명한 방법이 아니다.

어차피 시간의 흐름에 따라 양극화는 진행될 수밖에 없고,
우리나라 대부분의 금융에너지는 서울로,
그리고 강남 쪽으로 몰릴 수밖에 없기 때문에,
여력이 있다면 강남 아파트를 들고 있는 것만으로
대부분의 투자 고민이 일거에 해결된다.

**투자는 어디까지나 내 자산을 지키기 위함이고,
화폐 증가율을 따라가지 못한다면,
원화로 표시된 가격이 유지된다고 해서
당신이 돈을 지킨 것은 아니다.**

현재, 애매한 지방 부동산은 오히려 안 가지고 있으니만 못하다.

예를 들어서, 미국의 디트로이트 시티는
한때 공업으로 유명한 도시였지만, 공장들이 해외로
이전됨에 따라 도시의 가치는 점점 사라지고
유령도시가 되어버렸다.
한때 수억 달러를 호가하던 디트로이트의
땅값은 가치가 0원으로 수렴해버렸다.
이런 현상은 여러 선진국에서 관찰되는 것으로

양극화에 의해 중심 도시가 지방 도시의 인력과 에너지를

빨아들이는 전형적인 엔트로피 증가 현상이다.

우리나라도 마찬가지로 서울이 점점 지방의 인력과 에너지를

빨아들이며 비대해지고 있기 때문에,

거대한 외부의 자극 요인, 예를 들어 통일이 된다든가,

북극 항로의 개발로 항구도시에 거대한 외국자본이

들어오는 등의 변화가 있지 않는 이상,

이 흐름이 변하기는 쉽지 않다.

평생을 들여 장만한 집 한 채가 C원에 수렴하는 고통은

필시 형용할 수 없을 정도로 커다란 충격일 것이다.

또한 상가 투자도 그다지 좋은 선택은 아니다.

현대사회는 아날로그에서 디지털로 넘어가는 대변혁의 시대다.

인터넷은 애초에 디지털 상거래를 위해 만들어졌으며,

디지털 화폐까지 나온 마당에,

오프라인에서 매장을 운영해야 할 메리트는

점점 떨어지고 있다.

무엇보다 상가란 건 수요가 정해진 상품이다.

보통 핵심지 주거용 부동산을 가지고도

자본이 남는 사람들이 상가를 원하게 되므로,

다른 부동산에 비해 수요는 떨어지고 환금성도 좋지 않다.

앞으로 원하는 사람들이 줄어든다면

가격은 후행하여 반영된다.

경매 투자 역시 추천하지 않는다.

경매는 이미 시장에서 한 번 걸러진 매물이 나오기 때문에,

좋은 매물일 가능성도 낮고, 권리가 복잡하게 얽혀 있어

괜히 골치 아픈 일에 휘말릴 가능성이 생긴다.

무엇보다 정보화 시대로 인해

경매로 좋은 매물을 구할 가능성은 더욱 낮아졌다.

부동산의 전문가들이 득실거리는 그곳에서

평범한 직장인이나 비전문가가

좋은 매물을 건질 확률은 그다지 높지 않다.

양극화는 개인의 영역을 넘어,

자산 클래스에도 침식해 들어가고 있다.

인플레를 이길 수 있는 좋은 부동산의 숫자는

점점 한정되고 있고,

그 말은 입장권의 가격이

점점 오르고 있다는 것을 의미한다.

과거에는 노동 소득이 높으면 강남에 입성할 수 있었지만,

지금은 아무리 초고소득자라도 불가능해져버렸다.

한때 부의 사다리 역할을 했던 부동산은

점점 기능을 잃어가고 있다.

당신이 이미 서울의 핵심 부동산을 소유하고 있다면

투자는 매우 쉬운 게임이 되겠지만,

그렇지 않다면, 부동산 시장에 매몰될 게 아니라,

새로운 접근 방법이 필요하다.

 **핵심 지혜**

○ 개인이 주식시장에 투자하는 가장 현명한 방법은 지수 투자이다.

○ 부동산은 훌륭한 가치저장수단이나 지방 투자, 상가 투자, 경매 투자는
하지 않는 게 좋다.

○ 투자의 본질은 남는 금융에너지를 저장하는 것이고, 저장하는 그릇이
매력적일수록 에너지가 들어온다. 그러므로 새로운 접근 방법이 필요하다.

모든 자산은 썩는다

너무너무 당연한 얘기지만,

모든 자산(물질)에는 마찰 비용이 발생한다.

농산물은 썩는다.

금과 은도 시간이 지나면 부식되지만,

그 속도가 다른 물질에 비해 압도적으로 느릴 뿐이다.

단지, 썩는다는 사실은 변하지 않는다.

땅도 썩는다.

땅에 있는 양분도 시간이 지나면 고갈되어

시간이 지날수록 수확량은 떨어진다.

부동산은 겉으로 보면 그대로 있는 것처럼 보여도

국가의 노화에 따라 수요가 점점 사라지고,

언젠가는 가치가 0으로 수렴한다.

역사 속 위대한 제국들의 모든 땅의 가치가

0원으로 수렴한 것처럼 말이다.

인간의 육체도 썩지만, 정신도 점차 썩는다.

뇌 활동은 떨어지고 기억의 저장, 방출, 허석

모든 게 다 퇴화한다.

이것은 물리법칙이 적용되는 모든 물질이

피할 수 없는 현상이다.

물론 농산물에 방부제를 뿌리기도 하고,

땅에 비료를 뿌리기도 하며 엔트로피를

의도적으로 낮출 수는 있으나, 결국 외부의 에너지

개입이 없다면 자연스럽게 썩어버린다는 사실은

변하지는 않는다.

고대시대부터 인간의 역사는 부패와의 전쟁이었다.

인간이 동물보다 우월한 이유는

하루하루의 사냥을 통해 살아가지 않고,

노동을 통해 가치물을

후대에 전달함으로써 발전해왔기 때문이다.

즉 자산의 저장이 다른 생물들보다

인간을 특별하게 만드는 핵심이다.

소비만 할 줄 아는 인간은 동물과 다름이 없다.

인간은 자신의 노동력을 통해 만들어낸
가치물들을 최대한 보존하기 위해
창고를 만들고,
금을 화폐로 삼고,
방부제를 만들어내고,
책과 문자를 만들어 지식을 보존시키고,
자식에게 후대까지 이어질 자산을 물려주게 되었다.
자손은 인간이 만든 최고의 가치 저장물이자 자산이며,
출산율이 떨어진다는 건, 인간들이 더 이상
자산을 저장하지 못한다는 것을 의미한다.

하지만 인간의 이런 당연한 활동과 인식들은 법정화폐가
세상을 지배한 이후로, 크게 뒤틀리기 시작했다.
곡물도 썩고, 광물도 썩지만,
법정화폐는 '썩지 않는 것처럼 보인다.'

여기서 모든 문제가 시작됐다.
분명 1억 원짜리 집이 10년 만에 2억 원이 되는 걸
'눈으로 보면서도', 갖고 있는 화폐 숫자가
변하지 않았다는 점에 깊은 안도를 느낀다.

10년 만에 짜장면 값이 두 배가 오르는 걸 보면서도,

연 3~4%짜리 연금과 적금, 보험에 자신의 노년을 맡긴다.

"30년만 돈을 부으면, 죽을 때까지 300만 원이 나온대.

그러면 노후는 걱정 없겠지."

말 같지도 않은 착각에 자신의 인생을 베팅한다.

그들은 아마 시간이 지나면,

물가가 떨어질 수도 있다는 착각을 하는지도 모른다.

이 모든 것들은 결국 숫자가 주는 허상이다.

2026년 강남 아파트는 2020년에 비해 약 60% 정도 올랐지만,

원화 가치는 약 25%가 떨어졌다.

1년의 평균 화폐가치 하락률을 7~10%로 생각하고

여기에 경제성장률을 더하면,

실제로는 인플레를 어느 정도 방어한 수준에 그친다.

또한 화폐 덕에 사람들은 모험을 죄악시하게 됐다.

자신의 자산을 지켜 후대에 전하려는 인간의 선한 노력들이

탐욕스러운 자본주의의 산물로 변해버렸다.

따라서 이렇게 모두가 미쳐 있는 세상에서는

깨어 있는 눈을 가진 사람들만이 진실을 마주 볼 수 있다.

모두가 눈을 감고 제자리를 빙글빙글 돌 때,

눈을 뜨고 앞을 향해 나아간다.

결국 눈을 뜬 자와 뜨지 않은 자의 거리는

시간이 지남에 따라 점점 벌어진다.

전자는 천천히 썩지만, 후자는 빠르게 썩는다.

결국 이 차이는 엔트로피의 차이,

자산의 양극화라는 현상으로 발현된다.

양극화가 진행된 사회는 노인의 몸과 같다.

우리 몸은 썩어갈수록

가장 필요 없는 부분부터 영양분을 줄여나가기 시작한다.

머리카락이 빠지고, 입이 말라가며, 팔다리는 가늘어지고,

배만 불뚝 나오기 시작한다.

결국 밑으로 가야 할 양분들을

생존에 가장 중요한 장기 위주로 공급하기 시작한다.

마치 미국이 동맹국들의 양분을 빨아먹고,

서울이 지방의 양분을 빨아먹고,

강남이 수도권의 양분을 빨아먹는 것처럼

국가의 정책은 이런 양극화 현상에 후행한다.

그들은 민생 안정, 양극화 해소, 일자리, 출산,

여러 가지 이유를 붙여 정책을 만들지만

결국 점점 반시장적이며 중앙 집권적인 결과로 귀결된다.

왜냐하면 그들이 화폐를 찍어내는 심장이며,

심장은 가장 중요한 기관의 생존에

집중할 수밖에 없기 때문이다.

따라서 지방은 어쩔 수 없이 서울에 양분을 뺏길 수밖에 없다.

서울에 젊은 인력이 부족하다면, 지방의 젊은이들을 뺏어간다.

서울에 건설사들의 일감이 부족하다면, 부동산 붐을 일으켜

지방에 건설을 하고 매물을 지방민들에게 떠넘긴다.

실질적으로 부동산 매물을 받아줄 젊은 인구는

점점 빠져나가므로, 즉 수요가 빠져나가므로 지방 집값은

‘정체되거나 살짝 오르는 것처럼’ 보인다.

지방에 100억 원 상가를 샀다고 가정해보자.

연간 5억 원씩 임대료를 받고, 매년 가치가 올라가는 것처럼

보여도, 막상 10년 후 상가를 매도하려고 하면,

받아줄 사람이 사라져 있다.

10년간 50억 원의 수익을 올리고,

세금과 비용으로 절반을 뜯겨 25억 원 정도를 손에 쥐고,

상가가 점점 공실이 되어 처분하려 해도

결국 사줄 사람이 없다면, 가치는 점점 0에 수렴해간다.

강남 집값 역시 예외는 아니다.

세상에서 가장 강한 돈인 달러 대비

가치는 점점 떨어지기 시작한다.

국가는 생존을 위해 가장 많은 에너지가 저장된

고가 주택자들에게 청구서를 들이밀기 시작한다.

청구서는 점점 커지고,

종국에는 소유권 자체가 국가에 귀속된다.

표면적으로 정치적, 사회적 변화처럼 느껴질 뿐

보다 본질적인 물리법칙인 마찰 비용*에 의해

자산 가치는 0에 수렴된다.

대부분의 부동산과 회사, 채권의 가치는

그렇게 0을 향해 수렴해간다.

세상의 기업들 역시 점점 사업 수익률이

자산 상승률(인플레)을 뛰어넘지 못한 채

사실상 부동산이나 금융회사로 변모하고 있다.

전 세계 1억 개의 기업 중에 이른바 '매그니피센트 7'이라고 불리는

열 손가락 안에 드는 거대 기업만이 인플레를 이기고

점점 성장해나가며, 미국 역시 주가 부양을 위해 어쩔 수 없이

거대 기업 위주로 지원을 할 수밖에 없는 구조다.

달러 화폐 시스템이 세상을 지배한 지 100년,

이 거대한 시스템은 점점 막바지를 향해 나아가고 있다.

모든 자산들의 엔트로피가 증가하고,

약한 자산부터 무너져내릴 것이다.

- 마찰 비용엔 여러 가지 뜻이 있으나, 여기서 말하는 마찰 비용은 엔트로피 법칙에 따라 모든 물질이 썩어가는 것, 자산의 내적 가치가 사라지는 것을 말한다.

정치는 결국 전체주의를 향해 가고 있고,

사람들은 현재의 평온함이 폭풍 직전의

고요함이란 걸 모르고 있다.

이걸 눈치챈 자들은, 자산을 저장할 새로운 배를 찾고 있다.

이 세상에서 가장 커다란 부를 갖고 있는 자들,

그들이 어떤 배를 타고 있는지를 보고,

그들의 배에 올라타야 한다.

이미 장기적 흐름은 정해졌다.

사회는 생존을 위해 법정화폐를 계속해서 찍어낼 테고,

법정화폐 위에 건설된 모든 자산들은

본질적 리스크를 품고 있다.

바로 정치적 변화에 의해,

다른 말로는 마찰 비용에 의해 가치가 0에 수렴한다는 리스크다.

앞으로 세상의 누구든 어떤 화폐에 베팅할지,

정해야 할 순간이 점점 다가오고 있다.

새로운 세상의 화폐는
무엇이 될 것인가

아마 여기까지 읽은 사람이라면,

우리를 둘러싼 환경이 생각보다 녹록치 않음을 느낄 것이다.

양극화로 인해 노동 소득으로 벌 수 있는

실질 소득은 점점 줄어들고 있다.

옛날엔 반에서 10등만 하면 됐다면,

지금은 전교에서 10등을 하고도 집을 사는 건 어렵다.

자산 시장은 완전히 양극화됐다.

빚을 내서 집을 장만하는 것조차 어려우며,

인플레를 이길 수 있는 좋은 부동산은 점점 줄어들고 있다.

주식은 우리에게 기회를 주는 것처럼 속이지만

실제론 우리의 노동 소득을 기회비용으로 잡아먹고,

변동성으로 우리의 정신과 시간을 빨아들인다.

결정적으로, 아무리 자산 시장에서 노력해도,

자신의 사회적 순위를 바꾸기가 거의 불가능하다.

우리가 일을 하는 건, 절댓값을 정해두고 노력하는 게 아니라,

남들보다 조금 더 나은 위치를 얻기 위해 노력한다.

순위가 바뀌지 않는다는 건,

노력이 점점 무의미해진다는 것을 의미한다.

현재 벌어지는 양극화는

우리나라만 한정해서 일어나는 현상이 아니라,

전 세계적인 현상이다.

이러한 정치, 경제적 혼란기엔 항상

패권 국가의 몰락과 새로운 패권 국가의 등장,

그리고 엄청난 혼란과 전쟁, 기회가 공존하는 시기가 온다.

물론 그 변곡점을 예측할 수 있는 방법은 없다.

단지 국가의 혈액인 화폐를 통해

얼마 남지 않았다는 걸 알 뿐이다.

현재 수십 년간 미국이 만들어놓든

페트로달러 시스템은 이미 무너져버렸다.

달러로만 거래할 수 있었던 석유는,

이미 다른 화폐를 통해서도 거래가 가능하다.

안전 자산으로 여겨지던 미국 국채는,

가치를 잃고 국채 금리는 계속 오르고 있다.

이는 사람들이 더 이상 미국 국채를 믿지 않는다는 뜻이고

이것은 곧 달러를 믿지 않는다는 얘기다.

패권국의 화폐가 신뢰를 잃어버릴 땐,

새로운 신뢰의 시스템이 필요하다.

앞서 말한 대로, 신용화폐의 그릇들은

현재 무분별하게 커지고 있다.

국가는 앞으로도 더 많은 화폐를 찍어낼 거고,

위기를 막기 위해, 전쟁 준비를 하기 위해, 복지를 하기 위해

끊임없이 더욱 양극화를 벌려나갈 것이다.

사람들은 슬슬 깨달을 것이다.

뭔가 시스템이 고장 나고 있다는걸.

그 순간, 사람들이 도망갈 수 있는

새로운 그릇은 몇 가지로 압축된다.

그중에서 가장 대표적인 것이

바로 금과 은, 그리고 비트코인이다.

대부분의 사람들은 금과 은은 신뢰하고 잘 알고 있지만

비트코인에 대해서는 부정적인 생각이 강하며,

아예 이해할 생각조차 하지 않는다.

그건 비트코인이 그만큼 이해하기

어려운 자산이기 때문이기도 하다.

하지만 앞으로의 세상이 디지털 화폐와 AI 시대로

넘어갈 것은 필연이기에, 대체 왜 비트코인이라는 자산이

이토록 사람들의 입에 오르내리는지에 대해

공부하는 것은 매우 중요하다.

아니, 엄밀히 말하면 자산이라는 말은 틀렸다.

비트코인은 화폐이자, 가치저장수단이자, 장부다.

한 가지 속성만으로 비트코인을 설명할 수는 없다.

여기서부터는 기존의 신용화폐 시대라는

아날로그 게임판이 아니라,

디지털 화폐라는 새로운 게임판에 대해 말해볼 것이다.

그들이 만든 화폐, 그리고 그 안에 만들어진

등기 시스템과 주식시장, 금융 시스템이 아닌,

완전히 새로운 게임판에 대해 말이다.

담보물이 사라졌다

현대의 화폐 시스템은 처음엔 모두 금 위에서 만들어졌다.

애초에 화폐란, 금과 교환할 수 있는 금교환증이었고,

담보는 금이었다.

금을 맡기고 돈을 빌려가는 것,

이게 모든 금융의 초석이다.

하지만 은행의 무분별한 신용화폐 발행으로 인해,

한정된 담보 위에 엄청난 양의 금교환증이 만들어졌다.

이건 마치 하나의 부동산을 다중 계약한

사기꾼과 다를 바가 없다.

이 지속 불가능한 시스템은 결국 종말을 고했다.

처음 미국이 세상의 기축통화가 됐을 때,

미국은 다른 국가들의 신뢰를 얻기 위해

35달러를 금 1온스로 바꿔주겠다는 약속을 만들었다.

하지만 당연히 구속력이 없는 약속은 지켜지지 않았고,

미국의 무분별한 화폐 발행은, 다른 국가들의 신뢰를 잃고,

대규모 금 인출 소동이 일어나 버렸다.

그리고 역사적인 1971년, 미국의 닉슨 대통령이 더 이상

달러를 금으로 바꿔주지 않겠다고 선언하면서,

달러의 가치를 담보해주던 금은 역사 속으로 사라져버렸다.

이건 말 그대로 사기였지만, 세상은 여전히 돌아가야 했고,

미국은 비어 있는 담보 자리에 다른 걸 채워 넣어야 했다.

미국은 달러의 신뢰를 확보하기 위해,

군사력으로 국제 무역로를 지키던서,

모든 산업의 기본이 되는 석유를

오로지 달러로만 거래할 수 있도록

페트로달러 시스템*을 확립했다.

페트로달러 시스템은 미국 달러의 신뢰를 보장해줬고,

금 대신 은행의 담보물로 선택된 건, 바로 미국 채권이었다.

생각해보면 웃기는 일이었다.

그저 미국이라는 나라가 발행한 채권이 화폐의 담보물이

* 석유가 달러로만 거래되도록 만든 국제 질서로 오일쇼크 이후, 1974년 사우디아라비아와 미국의 협력을 통해 이루어졌다.

된다는 건, 신용 위에 신용을 더한다는 말로,

앞으로 세상은 엄청난 빚과 화폐의 시스템으로

굴러갈 거라는 선언이었다.

그리고 그 신용화폐의 위에

부동산 등기 시스템, 주식시장을 얹어

부채에, 부채에 의한, 부채를 위한 시스템이 완성되었다.

애초에 온갖 거짓 약속으로 점철된 시스템임에도,

다른 대안이 없기에 시스템은 계속해서

얼기설기 여기까지 굴러왔다.

그리고 지금, 시스템의 붕괴 신호가 곳곳에서 울리고 있다.

시스템의 붕괴를 느낀 각국의 중앙은행은

금과 은을 긁어모으고 있다.

하지만 금과 은이 미국 국채 시스템을 넘어

다시 신용화폐의 담보 역할을 하는 건 쉽지 않을 것이다.

왜냐하면 금이 화폐 경쟁에서 탈락한 중요한 단점들이

하나도 개선되지 않았기 때문이다.

흔히 금을 디플레 화폐라고 부르는데,

이건 금이 가진 물리적 속성과 희귀성에서 기인한다.

경제란 결국 인간 사이의 교환을 얘기하고,

상품과 화폐를 교환함으로써 이루어진다.

하지만 만약 상품은 점점 더 많이 만들어지는데(경제가 성장하는데)

화폐가 그 공급을 따라가지 못한다면,

사람들은 화폐로 상품을 사지 않고

개인 금고에 쌓아놓는 일이 생겨버린다.

이게 바로 금이 디플레를 만드는 주요 메커니즘이다.

금은 1년 채굴량이 전체 금의 2% 정도지만,

경제는 그 이상으로 성장하기 때문에,

화폐의 공급 속도가 경제 발전을 따라잡지 못한다.

만약 금을 무한히 쪼갤 수 있어서,

사람들이 금의 일부만 떼어서 교환할 수 있다면

디플레가 오지 않겠지만,

금은 무한히 쪼개다 보면 보이지 않게 되기에,

일부만 거래하기가 힘들다.

또한 금의 순도를 속일 수 있으므로

'신뢰 검증'해야 하는 문제가 생기기 때문에,

'정부'라는 절대적 집단이 신뢰를 보장해주어야만

제대로 된 거래를 할 수 있다.

또한 금은 '실물 자산'이라는 물리적 한계에 갇혀 있다.

금본위제 시대에, 은행이나 국가 간에 대규모 거래를 할 때는,

금을 이동시키는 것 자체가 커다란 비용이었다.

또한 금을 인도받고 나서도 진짜 제대로 된 순도의

금이 맞는지 확인하기 위하여,

금을 녹여서 순도를 재고,

다시 금괴로 만드는 번거로운 작업이 필요했다.

금의 불편함이 금교환증이라는 결과물을 탄생시켰기에,

다시 금과 은의 시대로 돌아간다는 건,

이러한 비효율도 다시 생긴다는 말과 같다.

1800년에도 번거롭다고 느껴졌던 단점이 있는

거래 수단을 현대처럼 비대해진 경제 규모와

1분 1초가 시급한 은행 간의 거래에서 다시 쓴다는 건,

마치 스마트폰을 쓰다 2G폰으로 회귀하는 정도의

비효율을 초래하게 될 것이다.

AI와 디지털 전환으로 점점 더 빠른 속도를 요구하는

현대 금융에서, 이런 비효율을 감당한다는 건

다른 국가와 경쟁을 할 생각이 아예 없다는 말과 같다.

따라서 금의 신뢰성을 가지면서,

금과는 다르게 무한히 쪼갤 수 있고,

미국 채권처럼 빠르게 빛의 속도로 왔다 갔다 할 수 있으며,

또한 사후 정산이 필요 없는 완벽한 담보물이 있다면,

이 딜레마는 해결될 것이다.

그리고 사람들은 아직 잘 모르지만,

그런 담보물은 이미 세상에 존재한다.

비트코인은 위험 자산인가?

사람들은 비트코인을 말할 때

지나친 변동성을 지적하며,

위험 자산이라고 말한다.

하지만 긴 시계열을 놓고 봤을 때,

어떤 게 진짜 위험 자산인가에 대해 생각해볼 필요가 있다.

자, 한번 생각해보자.

10년 전, 압구정 현대아파트를 사기 위해선

원화 약 20억 개가 필요했다.

비트코인은 약 30만 원이었으므로 약 6,700개가 필요했다.

2026년, 압구정 현대아파트를 사기 위해선

원화 약 80억 개가 필요하다.

비트코인은 약 1억 4,000만 원*이므로, 약 57개가 필요하다.

정말 비트코인이 위험한지,

아니면 신용화폐를 들고 있는 게 위험한지에 대해선

고민을 해볼 문제다.

비트코인이 나오기 전까지,

세상엔 팽창하는 신용화폐만 존저했다.

하지만 비트코인이 등장하고

2,100만 개로 수량이 정해져 있는 화폐가 있다는 걸

깨달은 사람들은,

그 희소성이 인류 역사 이래로 화폐라는 상품에서

처음으로 가져보는 절대적 혁신이란 걸 눈치챈 사람들은,

신용화폐에 담겨 있는 에너지들을 비트코인이라는

새로운 그릇으로 옮기기 시작했다.

앞서 말한 대로, 미국은 다른 국가의 금융에너지를

흡수하기 위해 전 세계에 금융시장 개방을 요구했다.

하지만 비트코인은 그럴 필요가 없었다.

인터넷만 연결되면, 전 세계 누구든지 간에

비트코인 그릇 안으로 얼마든지 금융에너지를

옮길 수 있었기 때문이다.

•   2026년 1월 가격 기준

소수의 사람들은 비트코인이 어떤 신용화폐보다
우수한 화폐라는 사실을 인지했다.
당신이 스마트폰과 2G폰 중에 고를 수가 있다면
어떤 상품을 고를 것인가?

더 좋은 상품, 더 좋은 기업은 일순간은 가치 평가를
받지 못하더라도 결국 시간의 흐름에 따라
최종적으로 시장의 선택을 받게 되어 있다.

비트코인이 나온 지 16년, 0달러에서 시작한
비트코인은 벌써 10만 달러까지 올라갔으며,
신용화폐에 저장된 수많은 에너지들이 비트코인이라는
작은 그릇으로 흘러들어갔음을 의미한다.
그 흐름은 너무나 강력하고 빨라서,
커다란 파도처럼 진폭을 만든다.
사람들은 이것을 변동성이라 부른다.

따라서 변동성이란,
그릇 안에 강한 금융에너지가 흘러들어오는 것을 의미하며,
좋은 자산에 필연적으로 생기는 현상일 뿐이다.

금이나 우량 주식처럼 덩치가 큰 자산들은
이미 많은 에너지가 들어가 있기에 변동성이 작을 수밖에 없다.

또한 금 같은 경우는 몇 천년간 수억 명의 손을 오가면서,
끊임없이 평균 단가를 올렸다.
높은 평단가는, 그 그릇을 비싸게 주고 산 사람이 많다는
의미이며, 그들은 웬만해선 자신이 산 가격 이하로는
팔지 않을 것이기 때문에 매우 안정적인 가격 흐름을 보인다.

하지만 금에 비해 비트코인은
아직도 엄청나게 많은 수의 소유자들이 10달러 이하로
구매한 것을 들고 있기에,
언제든지 매도 대기자들이 갑작스럽게 팔아 치울
위험이 있는 자산이다.
이게 바로 비트코인의 갑작스러운 변동성이 수시로
나오는 이유이기도 하다.

하지만 화폐로서 비트코인의 우수성은
금과 은이 수천 년 이상 걸쳐 쌓아온
금융자산으로서의 위상을 불과 15년 만에 따라잡고 있다.
이것은 인류 역사를 통틀어 어떤 자산도 범접할 수 없는
경악할 만한 속도의 성장이다.

결국 앞으로도 세상의 신용화폐는 계속 늘어날 것이다.
사람들은 자신의 생활이 변하는 걸 원하지 않고,
자기 주머니에서 돈이 나가지 않으면서

세상이 평화롭고 아름답기를 원한다.

그런 바람을 이뤄줄 수 있는 방법은

신용화폐를 찍어내고, 그들이 눈치채지 못하는 메커니즘으로

비용을 전가하는 수밖에 없기 때문이다.

그리고 비트코인은 그 옆에서 아무것도 하지 않고,

그저 그 자리에 서 있을 뿐이다.

자산 시장이 끊임없이 오르고, 사람들이 시스템의 신뢰성에

의문을 가지는 순간, 그들은 스스로에게 묻게 될 것이다.

어딘가에,

함부로 찍어낼 수 없고,

누구도 조작하고 통제할 수 없으며,

쉽게 거래할 수 있는 화폐가 없을까?

그리고 그때가 되면 신용화폐라는 그릇 안에

저장되어 있는 에너지들은 빠져나와,

새로운 디지털 그릇을 자연스럽게 채울 것이다.

 **핵심 지혜**
  ○ 비트코인은 수량이 한정되어 있기 때문에 인플레로 에너지를 뺏기지 않는다.

비트코인은 왜 이렇게 오해받는가?

비트코인은 분명 어려운 자산이다.

철학적, 인문학적 이해를 넘어서

사람들이 말하는 어려움은 대개 기술에서 온다.

블록체인, 해시함수, 채굴, 반감기,

익숙하지 않은 단어들은 진입 장벽으로 작동한다.

하지만 실은 그보다 더, 훨씬 근본적인 이유가 있다.

비트코인은 사람들이

한 번도 정면으로 생각해보지 않았던 질문을 던지기 때문이다.

돈은 왜 돈인가.

자산은 왜 내 것인가.

신뢰는 어디에서 오는가.

우리는 평생 이 질문들을 고민해보지 않고 살아왔지만,

비트코인은 이 질문을 당신에게 정면으로 들이댄다.

그래서 불편하고, 그래서 어렵게 느껴진다.

하지만 이 질문에서 등을 돌리면,

인생은 항상 어려운 문제를 풀지 못한 그 시점에 멈춰 선다.

이제, 이 질문을 정면으로 마주해야 할 순간이 왔다.

비트코인은 기록이다.

비트코인은 그저 컴퓨터 프로그램이고,

이 프로그램 안에는 하나의 장부가 들어 있다.

이 장부에는 화려한 문장도, 복잡한 규칙도 없다.

단지 단순한 기록만이 존재한다.

'이 주소에는 비트코인이 몇 개 있다.'

많은 사람들은 여기에서 오해가 생긴다.

비트코인을 소유한다는 건 어딘가에 있는 실체를

내가 금괴처럼 들고 있다는 뜻이라고 생각한다.

하지만 실제로는 다르다.

비트코인은 물건이 아니다.

비트코인은 그저 기록일 뿐이다.

보다 정확히 말하면 '이 기록을 바꿀 수 있는 권리'다.

당신이 비트코인을 가지고 있다는 건

장부 어딘가에 당신의 주소가 있고,

그 옆에 숫자가 적혀 있으며,

그 숫자를 수정할 수 있는 비밀 키를

당신만 알고 있다는 뜻이다.

비밀 키를 입력하면

'이 주소에서 저 주소로 보냈다'라는

한 줄의 기록이 바뀐다.

이것이 비트코인의 전부다.

장부 자체는 전혀 희귀하지 않다.

인류는 수천 년 동안 장부를 써왔다.

문제는 항상 이것이었다.

"그 장부를 누가 관리하는가?"

전통적인 장부는 항상 중앙에 있었다.

왕이 관리했고, 국가가 관리했고,

지금은 정부와 은행이 관리하고 있다.

그래서 장부는 언제나 권력자의 의지에 노출되어 있었다.

그들은 장부의 진정한 소유자이기에,

장부의 기록을 원하는 대로 고칠 수 있었다.

하지만 비트코인 장부는 다르다.

이 장부는 한곳에 있지 않으며,

전 세계 수많은 컴퓨터에 동시에 저장되어 있고,

서로 끊임없이 내용을 비교한다.

누군가 장부를 몰래 고치려 하면

다른 컴퓨터들이 즉시 그 기록을 부정한다.

그리고 이 순간, 인류가 오랫동안 기다려온 어떤 조건이

수만 년 만에 처음으로 충족되었다.

바로 '아무도 고칠 수 없는 장부'의 탄생이었다.

비트코인을 이해하기 위해선,

자산권에 대한 철학적 이해가 필요하다.

사실, 세상의 모든 자산은 그 자체에 실체가 있는 게 아니라,

그저 장부 위에 존재한다.

우리는 자산을 실체로 착각한다.

집은 콘크리트라고 믿고,

금은 반짝이는 금속이라고 믿는다.

하지만 조금만 생각해보면 알 수 있다.

당신이 집을 소유하고 있다는 증거는

그 집의 벽도 지붕도 아니다.

등기부등본에 적힌 한 줄의 기록이다.

결국 우리가 실제로 갖고 있는 것은 자산이 아니라,

'자산권'이라는 기록물일 뿐이다.

금도 마찬가지다.

내가 금을 들고 있다고 해서

내 것이라는 보장은 어디에도 없다.

힘 있는 누군가가 빼앗아가서

"이제 내 거다"라고 말한다면,

그걸 막아줄 것은 결국 장부뿐이다.

그래서 인간은 정부를 만들고

'조작할 수 있는' 장부의 관리를 맡겼다.

다른 선택지가 없었기 때문이다.

따라서 정부의 본질은 통치가 아니다.

정부의 본질은 신뢰의 관리자다.

정부는 이렇게 말한다.

"이 장부는 믿어도 된다."

그 말을 가능하게 만들기 위해

군대가 있고, 경찰이 있고, 법이 있고, 세금이 있다.

우리는 그 신뢰를 유지하기 위해

매년 막대한 비용을 지불한다.

세금이란, 결국 신뢰의 유지 비용과 같은 말이다.

그런데 문제가 생긴다.

신뢰의 유지 비용이 사회가 감당할 수 있는

수준을 넘어서기 시작하면,

정부는 슬슬 '관리'를 넘어 '통치'를 하기 시작한다.

돈을 더 찍거나,

세금을 더 걷거나,

장부의 기준을 바꾸기 시작한다.

그 순간부터 사회의 신뢰는 서서히 금이 가기 시작하고,

화폐의 신뢰는 사라지며,

화폐를 믿지 않는 사람부터 자산 시장으로의 대탈주가 시작된다.

하지만 자산권은 결국 약속이기에,

자산이 당신의 것이라는 약속 역시 지켜지지 않으며,

시간이 지날수록 당신의 자산은

더 이상 당신의 것이 아니게 된다.

그리고 더 이상 시스템의 유지 비용을

청구할 곳이 없어진 정부는

마침내, 당신의 인생에서

가장 소중한 자산을 요구하기 시작한다.

바로 자유라는 자산이다.

자유라는 섹터에 투자하라

생각해보면, 국가에서 자유가 사라지는 과정은

어려운 개념이 아니다.

국가라는 시스템은 유지비를 필요로 한다.

여유가 있을 땐, 세금으로 유지된다.

여유가 없어질 땐, 세금과 소비를 독려한다.

은행의 대출 문턱은 점점 낮아지고,

시스템을 유지하기 위해 더 많은 돈을 빌려주기 시작한다.

사람들은 더 많은 대출을 받고, 더 비싼 값으로

집을 구매하여 사회의 빚을 대신 갚기 시작한다.

여유가 사라져 사회에 빚이 쌓여갈 땐,

마케팅이 사회 전반을 잠식한다.

필요하지도 않은 것들을 사게 독려한다.

마케팅은 사람들의 정신적 장벽을 무너뜨리고,

미래의 저축보다 현재의 소비를 선택하게 만든다.

그리고 더 이상 빚조차 쌓기 힘들어졌을 때,

선택지는 하나만 남게 된다.

바로 대가 없이 일하는 것,

사회는 개인의 자유를 가져가 버린다.

단지, 법과 시스템이라는 이름으로 포장될 뿐이다.

투자시장이 끓어오를 때,

사람들은 투자를 하며 늘 묻는다.

어느 섹터가 유망한지, 어떤 자산의 수익률이 더 높은지.

주식인가, 부동산인가, 비트코인인가.

성장주인가, 가치주인가.

상승장이냐, 하락장이냐.

하지만 이 질문들은

지금 우리가 사는 이 환경이 계속 유지될 것이라는

전제하에 성립된다.

만약 어느 날 갑자기 깨끗한 물이 희귀해진 세상이 온다면,

그때 사람들은 "물이 연 5% 오를까, 7% 오를까?"를

따지지는 않을 것이다.

공기 역시 마찬가지다.

지금은 공기에 가격이 없지만,

만약 공기가 통제되기 시작한다면

공기는 가장 비싼 자산이 될 것이다.

그렇기 때문에 비트코인을 '투자 자산'으로만 보면

놓치는 것들이 있다.

대부분의 사람들은 비트코인을 변동성이 크며,

불안정하고, 언제 떨어질지 모른다고 말한다.

그래서 늘 같은 질문을 한다.

"지금 사도 될까?"

"수익이 날까?"

비트코인을 자산의 한 종목으로만 본다면,

분명 이 질문이 맞다.

하지만 비트코인을 자유의 관점에서 본다면

질문은 완전히 달라진다.

자유는 언제 투자 대상이 되는가?

자유는 평소에는 자산처럼 느껴지지 않는다.

언제든 말할 수 있고,

언제든 이동할 수 있고,

언제든 거래할 수 있을 때

자유는 공기처럼 당연한 자산이 된다.

그래서 우리는 자유에 투자하지 않는다.

하지만 역사 속에서, 자유는 늘 사라지고 나서야 비싸진다.

화폐가 통제되기 시작할 때,

자산 이동이 제한될 때,

선택지가 하나로 줄어들 때

그제서야 사람들은 자유가 공짜가 아니란 걸 깨닫는다.

바로 이러한 관점에서,

비트코인은 돈을 벌기 위한 도구이기 이전에

선택지를 하나 더 주는 시스템이다.

부자들은 왜 비용을 들여 이민을 가는가?

그들은 수익률보다 자유에 투자하고 싶기 때문이다.

기술의 발전이 평범한 현대인들에게

귀족들의 삶을 선물한 것처럼,

비트코인이란 기술은 '자산이 국가를 떠난다'는 선택지를,

평범한 사람들에게도 접근 가능하게 만들어줬다.

누구의 허락도 없이 국경을 넘어서

자산을 보관하고 이동할 수 있는 선택지,

물론 이런 것들은 모든 제도가 정상적으로 작동할 때는,

쓸모없어 보일 수 있다.

하지만 제도가 흔들리는 순간,

이 선택지야말로 당신의 생존과 직결된다.

주식이 성장에 대한 투자라면,

채권이 안정에 대한 투자라면,

비트코인을 산다는 건

자유가 유지되지 않을 가능성에 대한 투자에 가깝다.

그래서 비트코인은 늘 오해받는다.

비트코인의 필요성은 너무 늦게 발견되고,

너무 조용히 작동한다.

아무 문제 없을 때는 과한 선택처럼 보이기에,

늘 "투기"라는 이름으로 불린다.

하지만 역설적으로, 진짜 투기는 자유가 영원할 거라고,

자유가 공짜라고 믿는 쪽일지도 모른다.

결국 우리는 스스로에게 물어보아야 한다.

"나는 무엇에 투자하고 있는가?"

수익률인가,

편안함인가,

아니면 선택할 수 있는 자유인가.

비트코인은 '자유가 당연하지 않은 세상'에 대비하는

거의 유일한 자산 중 하나이고,

어떤 것들은 수익률로 평가할 수 없다.

물과 공기처럼

자유 역시 사라지기 전까지는,

단지 가격표가 없을 뿐이다.

비트코인은 '자유가 당연하지 않은 세상'에 대비하는

거의 유일한 자산 중 하나이고,

자유의 가치를 가장 잘 아는 사람들

역설적이게도, 자유의 가치를 가장 뼈저리게 느끼는 사람들은

사회의 양극단에 서 있는 사람들이다.

바로 세상에서 가장 돈이 많은 슈퍼 리치들,

그리고 세상에서 가장 가난한 국가의 국민들이다.

자유 없이 가난한 자들은 재산의 축적이 욕망이 아니라,

자신들에게 자유를 주는 수단임을 본능적으로 이해한다.

자산권이야말로,

모든 정책에 선행하는 사회의 본질임을 이해한다.

그리고 악한 정부 역시 이 메커니즘을 이해하기에,

화폐 시스템을 통해 그들의 자유를 통제한다.

세상에서 가장 돈이 많은 자들,

그들은 이미 획득한 '자유'를 보관하기 위한

금고를 찾아 헤맨다.

그리고 비트코인은, 자산가들의 금융에너지를

저장하는 금고가 되어준다.

전 세계의 슈퍼 리치들은 늘 금고를 찾아 헤맨다.

그들은 더 많은 돈을 원하는 사람들이 아니다.

그들에게 돈은 이미 공기처럼 많다.

그들에게 중요한 건 수익이 아니라 보안이다.

그들의 자산이 클수록, 더 많은 지출을 늘리고자 하는

정부의 욕망에 노출된다.

세금, 규제, 인플레이션은 형태는 달라도

결국 정부가 개인의 자산을 잠식하는 방식이라는 점에서

크게 다르지 않다.

정부의 입장에서 평범한 사람들은

수조 안의 물고기와 같기에 굳이 신경 쓰지 않아도

세금과 인플레이션으로 그들의 에너지를 가져올 수 있다.

하지만 슈퍼 리치들은 정부 입장에선

수조 밖으로 도망간 커다란 물고기이기에

포획망을 좁히려고 애를 쓴다.

그래서 그들은 항상 자산을 어떻게 하면 보호할 수 있을지에
대한 고민을 가지고 있다.

이것은 우리가 잊고 있는 근원적 질문을 떠올리게 한다.
본래 인간들은 사바나 초원에 던져졌을 때부터,
자유를 스스로 지켜왔으나,
정부라는 시스템이 생긴 이후,
자유에 대한 보안을 그들에게 위탁하고,
늑대에서 순한 강아지로 품종 개량되어버렸다.
정부 시스템에서 탈출한 슈퍼 리치들은 늑대의 본성이 깨어나고,
자유가 거저 주어지는 게 아니라는 사실을 깨닫는다.

민주주의 정부란 건 인기 투표 시스템이기 때문에,
다수의 눈치를 살펴야 하는 정부는
항상 가장 소수의 자산가들에게 보안 비용을 몰아서 청구한다.
그들은 가장 최전선에서 정부의 공격 대상으로 서 있기에,
자신의 자산을 보관할 안전한 금그를 찾아 헤맨다.
스위스 은행, 태평양의 조세 회피처들,
그리고 금이나 명화 같은 것들은
부자들의 자산을 안전하게 보관하고
이동시킬 수 있는 가치저장수단이 된다.

평범한 사람들은 피카소의 명화에서 캔버스를 보지만,

슈퍼 리치들은 거기에서 수백 억 원짜리 금고를 본다.

이 보안 비지니스는 전 세계 부의 가장 큰 포지션을 차지하기에,

수많은 정치 금융 네트워크가 엮여 있고,

그 브로커들에게 들어가는 수수료는 상상을 초월한다.

하지만 그들에게 새로운 디지털 금고가 생겼다.

비트코인이라는 디지털 금고는 수량이 한정되어 있기에,

정부가 인플레로 가치를 수거해갈 수가 없다.

또한 물리적 제한이 있는 명화나 금 같은 자산에 비해

질량이 존재하지 않기에,

단지 암호 키를 외우는 것만으로 전 세계 어디서든

금융에너지를 저장하고 꺼내 쓸 수 있다.

항상 자산의 보안을 위협받는 중국의 부호들,

재산을 잃고 나라를 떠나 피난을 가는 우크라이나의 난민들,

자유를 잃고 세상을 떠도는 세상의 수많은 개인들은

이 가치를 제일 먼저 알아차릴 수 있었다.
그들은 자유가 비용임을, 진정으로 이해했다.

그리고 자유가 공기처럼 당연한 자들은,

아직 무엇이 먼저인지를 깨닫지 못하고 있다.

투자는 언제나 남아 있는 선택지를 늘리는 행위다.

선택지가 많을수록 인간은 자유롭고,

선택지가 줄어들수록 인간은 복종하게 된다.

비트코인은 더 많은 돈을 벌게 해줄지도 모른다.

하지만 그것보다 더 중요한 건,

돈이 의미를 잃는 순간에도 선택할 수 있는

자유를 남겨둔다는 점이다.

 **핵심 지혜**

- 비트코인에 투자하는 건 자유를 선택하는 것과 다르지 않다.
- 비트코인은 금융에너지를 저장하고 꺼내 쓸 수 있는 디지털 금고이자,
  가치저장수단이다.

작업 증명하라

비트코인 시스템을 공부하다 보면

이것이 단순한 기술이 아니라,

사회가 어떻게 유지되는지에 대한

깊은 통찰을 담고 있다는 사실을 깨닫게 된다.

그 중심에 있는 개념이 바로 작업 증명이다.

작업 증명을 온전히 이해하면,

비트코인뿐 아니라 인간과 집단, 신뢰와 권력의 구조까지

함께 보이기 시작한다.

이것은 투자나 금융에만 국한된 이야기가 아니다.

사업, 직장, 연애, 결혼까지

인간이 관계를 맺는 모든 영역에 적용된다.

그래서 이 개념은 반드시 짚고 넘어갈 필요가 있다.

비트코인 장부가 저장된 컴퓨터를 노드라고 부른다.

전 세계 수많은 노드에는 같은 장부가 동시에 저장되어 있고,

약 10분마다 서로 내용을 비교한다.

누군가 장부를 몰래 고치려고 하면

다른 노드들이 즉시 그 기록을 부정한다.

이렇게 해서 아무도 마음대로 고칠 수 없는

블록체인 장부가 유지된다.

그리고 이 노드들 중 누군가는 아주 복잡한 수학 문제,

즉 해시함수 문제를 푼다.

이 문제를 먼저 푼 사람은 새로운 장부를 기록할 권리를 얻고,

그 보상으로 비트코인을 받는다.

이 과정을 우리는 채굴이라고 부른다.

이 채굴이란 과정, 복잡한 수학 문제를 푸는 과정에는

엄청난 전기가 소모된다.

또한 비트코인은 4년마다 반감기를 맞는다.

처음 비트코인이 세상에 나왔을 때

블록 하나를 만들면

100개의 비트코인이 주어졌지만,

2012년엔 50개,

2016년엔 25개,

2020년엔 12.5개,

2024년엔 6.25개의 비트코인으로
보상은 계속 줄어들었다.

동시에 참여하는 노드가 늘어날수록
문제의 난이도는 급격히 상승한다.
그래서 비트코인 하나를 얻기 위해
들어가는 전기 비용은 시간이 갈수록 증가한다.
현재 전체 2,100만 개의 비트코인 중 1,900만 개 이상이
이미 채굴되었고, 앞으로 수백 년 동안 나올 수 있는 물량은
200만 개도 채 되지 않는다.

이렇게 실제 비용(전기)을 지불하고 노력했다는 사실을
네트워크에 증명하고, 비트코인을 보상으로 받는 방식.
이것이 바로 작업 증명이다.

그래서 사람들은 쓸데없이 전기를 낭비하고
환경을 파괴한다며, 비트코인을 비난한다.
그리고 전기를 거의 쓰지 않는
지분 증명 방식의 코인이 더 효율적이라고 주장한다.
하지만 이 비판은 가장 중요한 핵심을 놓치고 있다.
작업 증명은 단순한 비효율이 아니라,
신뢰를 만드는 비용이기 때문이다.
작업 증명의 또 다른 이름은, 신뢰 증명이다.

신뢰는 인간 사회의 모든 것이다.

다만 우리는 그 비용을 의식하지 않을 뿐이다.

사과를 파는 사람이 있다고 해보자.

우리는 그 사람이 농사를 짓는 과정을 직접 보지 않았어도,

사과에 노력과 시간이 들어갔다는 걸 경험적으로 안다.

그래서 "이 사과에 가치가 있는가?"를 굳이 묻지 않는다.

이미 우리의 의식 속에서 신뢰 증명이 끝났기 때문이다.

하지만 사과를 사기 위해 꺼낸 종이 지폐는 다르다.

10,000원짜리 지폐를 만드는 데

10,000원의 노력이 들어가지는 않는다.

우리는 그저 "국가가 발행했으니 믿자"라고 생각할 뿐이다.

하지만 지난 수십 년간 화폐가 무분별하게 늘어나고,

구매력이 빠르게 하락하면서 이 신뢰가 흔들리기 시작했다.

그 순간 사람들은 묻기 시작한다.

"이 돈은 무엇으로 증명되는가?"

만약 사람들이 더 이상 지폐의 구매력을 믿지 않게 된다면

어떤 일이 벌어질까.

사람들은 지폐를 들고 있지 않으려 한다.

대신 부동산, 주식, 금 같은 자산으로 도망쳐버린다.

이것이 신용화폐가 신뢰 증명에 실패할 때 나타나는

전형적인 현상이다.

그리고 이 과정에서 엄청난 에너지가 낭비된다.

매일 밤새 불이 켜진 금융사,

수많은 마케팅 비용,

부동산 중개, 파생 상품,

투기와 사기.

이 모든 비효율은 화폐 자체가

신뢰를 증명하지 못하기 때문에 발생한다.

 **핵심 지혜**
- 비트코인의 핵심 원리는 작업 증명, 곧 신뢰 증명에 있다.

신뢰는 생각보다 훨씬 비싸다

사람들은 신뢰가 눈에 보이지 않기에 값싸게 여긴다.

하지만 기업은 눈에 보이지 않는 고객의 신뢰를

얻기 위해 수년간 수백 억 원을 쓴다.

친구와 연인 사이의 신뢰도 시간과 비용의 축적이며,

신뢰가 쌓인 친구에게는 수억 원을 빌려줄 수도 있다.

사이비 종교 역시

결국은 개인의 신뢰를 작업 증명하는 데서 출발한다.

국가 간 전쟁도 대부분

신뢰의 붕괴에서 시작된다는 점을 생각해보면,

인간 사회에서 신뢰만큼 비싼 자산은 없다.

사실 작업 증명(신뢰 증명)은 거창한 개념이 아니다.

우리는 지금 이 순간에도, 매일매일 작업 증명을 하고,

상대방의 작업 증명을 검증하고 있다.

당신이 회사원이라면 당신이 일을 잘하든 못하든

사장에게 당신이 일을 잘하고 있다는 걸

'작업 증명'해야 한다.

마찬가지로 당신이 사장이라면, 당신이 능력이 있든 없든,

직원에게 당신이 마냥 놀고 있는 게 아니라는 걸

'작업 증명'해야 한다.

작업 증명이 되지 않는다면,

당신은 능력 없는 직원으로 낙인찍히거나,

일은 하지 않고 돈만 가져가는 사장으로 낙인찍히게 된다.

당신이 누군가 이성을 만난다고 해보자.

당신이 가지고 있는 학위나, 자산, 그리고 잘 관리된 외모와

언변 같은 건, 상대방이 당신을 비록 만난 지

10분밖에 되지 않았더라도,

당신을 신뢰할 수 있는 사람이라는 '작업 증명'으로 작동한다.

또한 당신은 계속해서 이 작업을 해나갈 것이다.

나는 애를 좋아해서 3명은 낳고 싶어요.

(나는 아이를 좋아하는 따뜻한 사람이에요.)

나는 항상 연애할 때 퍼주는 타입이에요.

(나는 이기적이지 않고 남을 배려하는 사람이에요.)

난 한번 사귀면 오래 사귀어요.

(나는 오래 알수록 좋은 사람이에요.)

남자들은 보통 처음 이성을 사귀면, 믁적을 이루기 위해

실제의 자신보다 오버하는 경향이 있다.

집에 데려다주고, 기념일을 챙기고,

실제보다 더 과장하고 부풀린다.

끊임없이 자신과 만나면 나쁘지 않은 선택이라는

작업 증명을 시도한다.

하지만 대부분은 목적이 이루어지고 나면,

더 이상 에너지를 투입해야 할 이유를 잃고,

평소의 자신으로 돌아간다.

결국 현명한 사람들은

신뢰가 비용이 드는 자산이라는 걸 본능적으로 이해한다.

그리고 원하는 걸 얻기 위해,

상대방에게 어떻게 '작업 증명'할 수 있을지를 고민한다.

내가 어떻게 하면 고객의 신뢰를 얻을 수 있을지,

내가 어떻게 하면 이성의 신뢰를 얻을 수 있을지,

내가 어떻게 하면 배우자의 신뢰를 얻을 수 있을지,

내가 어떻게 하면 아이의 신뢰를 얻을 수 있을지,

그들의 머릿속엔 '상대방이 왜 저렇게 행동하는지'가 아니라,
'내가 어떻게 하면'이 가장 먼저 떠오른다.

결국 사회에서 인간이 하는 행동 중
대부분은 남에게 신뢰를 얻기 위해 하는 행동이라고 봐도 과언이 아니다.
비트코인은 그 행동을 '작업 증명'이라는
시스템으로 풀어낸 것이다.

따라서 비트코인은, 인류 역사상 처음으로
많은 에너지가 들어가는 신뢰 확인 과정이라는
작업을 거치지 않아도,
컴퓨터 코드와 수학을 이용해,
상대방을 믿을 수 있게 설계된 혁신적인
신뢰 시스템이라고 할 수 있을 것이다.

"나는 이 비트코인을 공짜로 얻지 않았습니다.
엄청 비싸게 주고 샀거나,
엄청 비싼 전기료를 들여서 캐낸 거예요."라는
수학적으로 검증된 신뢰를 상대방에게 제공하는 것이다.

그래서 비트코인은 우리가 매번
사람을 믿기 위해, 만남이라는 비용을 지불하고
국가를 믿기 위해, 세금이라는 비용을 지불하지 않아도

되게 만든다.

이것이야말로 비트코인이 가진 가장 근본적인 혁신이다.

또한 비트코인은 단순한 하나의 프로그램이 아니다.

소유자, 노드 운영자,

그리고 이를 지지하는 사람들이

함께 만들어낸 신뢰의 네트워크다.

그리고 이것은 인류 역사상 처음으로

폭력이나 억압 없이 자산권을 유지하는 시스템이다.

사람들은 잘 모르지만,

국가 역시 자산권을 지키는 아날로그 네트워크일 뿐이다.

국가는 이 네트워크를 유지하기 위해

세금이라는 이름으로 막대한 비용을 쓴다.

우리나라 전체 자산 규모를 1경 원이라고 가정하면,

이를 유지하는 데 연간 약 600조 원 이상이 든다.

이 비용을 감당하지 못하면 국가는 빚을 늘리고 과열되는데,

복지를 확대해 네트워크의 열을 식히려 한다.

하지만 결국 생산성이 따라오지 않아,

마지막에 가서는 네트워크가 붕괴한다.

반면 비트코인 네트워크는 다르다

현재 비트코인 네트워크는 약 2,000조 원의

금융에너지를 보관하고 있지만,

유지비(전기에너지)는 연간 약 7조 원 수준이다.

이것은 물리적 세상에 존재하지 않는 디지털 네트워크이기에,

마찰 비용이 발생하지 않고,

당연히 아날로그인 국가 네트워크보다

압도적으로 효율적일 수밖에 없다.

사람들은 비트코인이 전기를 낭비한다고 말한다.

하지만 국가 시스템을 유지하는

군대, 경찰, 관료, 인프라가

얼마나 많은 에너지를 소모하는지는 보지 않는다.

사람들은 비트코인을 보며 묻는다.

"왜 굳이 전기를 쓰는가?"

하지만 질문을 바꿔보면, 많은 것들이 보인다.

"우리가 쓰고 있는 전기는 의미 있게 사용되는가?"

비트코인이 쓰는 전기는 눈에 보인다.

그래서 사람들은 비싸다고 느낀다.

반면 국가가 쓰는 전기는

세금과 규제와 인플레이션 속에 숨어 있다.

그래서 우리는 그 비용을 잊고 살다가

결국 더 비싼 값으로 치르게 된다.

비트코인은 숨겨진 비용을 장부 밖으로 끌어낸다.

신뢰를 공짜라고 착각했던 시대에,

신뢰의 가격표를 다시 붙인다.

작업 증명은 결국 "믿어줘"라는 말 대신

"내가 이만큼 일했다"는 증거가 된다.

이 증거가 쌓여 네트워크가 되고,

네트워크가 커질수록

우리가 믿어야 할 대상은

사람이 아니라 변하지 않는 규칙이 된다.

우리는 신뢰를 어디에 맡길 것인가.

폭력과 권력의 장부인가,

아니면 수학과 비용의 장부인가.

비트코인은

신뢰를 선택하는 방식이자,

자유를 유지하는 비용이다.

비트코인 탄생

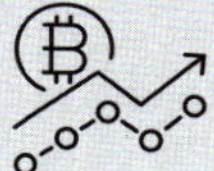
비트코인
가치 상승

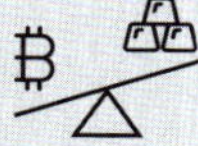
15년 만에 은의
위상을 추월

에너지 이동

디지털
금고로서의
비트코인

트럼프의
지니어스법
통과

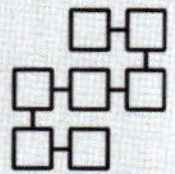
자산 토큰화를
향해 진행

비트코인이 만들어갈 새로운 세상

비트코인이 아직 화폐로서 완전히 작동하지 못하는
가장 큰 이유는 기술이 아니라 정치적 장벽 때문이다.

아날로그 화폐에서 디지털 화폐로 넘어가는 흐름은

선택의 문제가 아니라,

시대가 이미 정해놓은 방향이다.

현대 사회의 가장 큰 변화는, 모든 아날로그 시스템이
디지털로 옮겨가고 있다는 점이다.

우리는 지금, 아날로그 세계의 주민에서
디지털 세계의 주민으로 이주하고 있는 중이다.
인터넷과 전자화폐, AI, 그리고 언젠가는 AR과 VR을 통해
우리의 오감도 디지털로 옮겨질 때까지,

이 흐름은 멈추지 않을 것이다.

사실 인터넷은 처음부터 디지털 상거래를 목적으로 만들어졌다.

하지만 그 당시 인류는 복제가 불가능한

디지털 화폐를 만들지 못했다.

그래서 인터넷은 중요한 한 조각이 빠진 채 세상에 등장했다.

그럼에도 공간을 초월하는 인터넷 상거래의 효율성은

현실의 상거래를 빠르게 잠식했다.

우리는 디지털 화폐 대신 온라인 뱅킹으로 그 빈자리를 메웠다.

하지만 온라인 뱅킹은 편리함과 동시에 새로운 문제를 낳았다.

온라인 뱅킹을 사용하기 위해 우리의 모든 정보를

정부와 은행에 넘겨주어야 했고,

정보를 통제하는 그들은

절대적인 권한을 갖게 되었다.

2009년, 비트코인의 등장은

인류가 오랫동안 기다려온 해답에 가까웠다.

하지만 정부의 입장에서 비트코인은

편리한 혁신이 아니라,

통제력을 약화시키는 위험한 발명품이었다.

인간은 언제나 자신의 이권을 지키기 위해

그럴듯한 명분을 만들어낸다.

그렇게 지난 15년 동안 수많은 정부가 비트코인을 탄압했다.

하지만, 그 수많은 억압에도 비트코인은 살아남았다.

비트코인이 10달러에서 1달러로 떨어졌을 때도,

100달러에서 10달러로 떨어졌을 때도,

10,000달러에서 1,000달러로 떨어졌을 때도

사람들은 이제는 진짜 끝났다고 말했다.

하지만 끝난 것은 사람들의 기다였을 뿐,

비트코인 네트워크는 아직까지드

신뢰의 네트워크로서 작동하고 있다.

그리고 긴 시간을 버텨낸 비트코인은

2025년, 트럼프Trump 대통령의 취임과 함께

세계 금융의 중심인 미국에서 전략적 준비 자산*으로서

인정받기 시작했다.

이 선택은 개인의 취향이 아니라,

미국의 현실적인 이해관계에 가까웠다.

현재 미국이 가진 가장 큰 문제는 천문학적인 부채다.

이미 4경 원을 넘어선 빚은 줄어들 가능성이 거의 없다.

선진국의 국민으로 오래 살아온 사회는

아끼고 절약해 빚을 줄이는 법을 기미 잊어버렸다.

복지를 줄이는 정부는 선거에서 선택받지 못하기에,

* 트럼프 대통령은 취임 후 2025년 암호화폐 정책을 강화하고, SNS에서 구체적으로 디지털 자산의 명칭을 언급했다.

결국 미국은 재정 적자를 계속 늘릴 수밖에 없었다.

문제는 이제 전 세계가 더 이상

미국 국채를 예전처럼 믿지 않는다는 점이다.

그동안 미국은 화폐를 찍어 전 세계의 물건을 사고,

다른 국가들은 그 대가로

미국 국채를 사주는 구조를 만들어왔다.

미국은 직접 생산하지 않아도 달러를 찍어

다른 나라의 노동력을 사올 수 있었고,

그 대가로 자유 무역과 달러 질서를 유지해주었다.

하지만 미국의 힘이 약해지자 이 구조는 흔들리기 시작했다.

중국은 미국 국채를 팔기 시작했고, 다른 나라들도

미국의 빚을 떠안는 것에 대해 점점 소극적으로 변하고 있다.

미국이 더 이상 부채를 늘릴 수 없는 순간,

국가 시스템 자체가 흔들릴 것이다.

트럼프 대통령은 이 문제를 해결해야 할 사명을 안고

다시 선택된 대통령이었다.

그리고 그 해법 중 하나로 스테이블코인을 선택했다.

스테이블 코인은 민간 발행 디지털 화폐로

1달러에 연동되도록 설계되었다.

사실상 민간이 찍어내는 달러에 가깝다.

이전까지 스테이블코인은

주로 비트코인이나 다른 코인을 거래하는 도구였다.

하지만 2025년 7월, 스테이블코인을 제도권으로 끌어들인

지니어스 법안GENIUS ACT*이 통과되면서 상황은 완전히 달라졌다.

이제 미국 기업들은 보유한 미국 국채만큼

스테이블코인을 발행할 수 있다.

이 말은 곧, 미국 국채가 새로운 수요처를 확보했다는 뜻이다.

이제 미국의 빚은 다른 국가가 아니라,

미국의 금융사와 전 세계 개인들이 떠안게 된다.

그렇게 스테이블코인의 발행량은 지금도

기하급수적으로 늘어나고 있다.

그렇다면 이렇게 만들어진 스테이블코인은 누가 쓰게 될까?

답은 간단하다.

자국 화폐의 가치가 무너진 나라의 국민들이다.

달러 중심의 화폐 경쟁에서 밀린 수많은 나라들은

하이퍼 인플레이션이라는 결과를 맞았다.

베네수엘라, 튀르키예, 아르헨티나, 짐바브웨 같은 나라들은

* 스테이블코인을 발행할 때마다 달러 혹은 미국 국채 등 상응하는 비율로 유동 자산을 예치하도록 의무화하는 내용을 담았다.

정치 실패의 결과라기보다

이 거대한 화폐 시스템의 부산물이다.

각국 정부는 어떻게든 달러의 유입을 막고

통제권을 유지하려 했지만,

디지털 화폐는 인터넷만 있으면 어디든 들어간다.

스테이블코인이 대중화될수록 각국의 물리적 장벽은

점점 무력해질 것이다.

독재국가가 개인을 통제할 수 있었던 이유는

화폐 발행권을 독점하고 있었기 때문이다.

그 권한을 잃는 순간,

독재는 에너지를 잃는다.

화폐 선택의 자유가 생긴 사회에서

하이퍼 인플레이션 화폐를 선택하는 건

화폐의 문제가 아니라 자유의 문제다.

스테이블코인이 확산될수록

미국 국채의 수요는 늘고,

미국은 빚을 더 안정적으로 늘릴 수 있다.

기업들은 국채 이자를 얻고,

개인들은 안정적인 디지털 화폐를 얻는다.

결국 이 구조는 국가가 진 빛을

전 세계 개인이 나누어 떠안는 구조다.

마치 스마트폰이 수많은 전자기기를 하나로 통합했듯,

스테이블코인은 화폐라는 상품의 통합을 만들어낼 것이다.

그리고 그 위에서 진정으로 디지털 세상의 시작인

자산의 토큰*화가 시작되고 있다.

지금 미국에서 진행하고 있는 자산의 토큰화는

부동산과 주식, 채권 같은 자산들을

기존의 아날로그 신용화폐가 아니라,

스테이블코인이라는 그릇 위에서

토큰 형태로 거래되는 시스템을 만드는 것이다.

마치 아날로그로 된 화폐 그릇 안에

부동산과 주식이라는 소그릇들이 있는 것처럼,

디지털 화폐로 거래되는 작은 그릇들이 만들어지고 있다.

은행과 중개인, 복잡한 서류 절차 없이

자산은 즉시 이동하고, 소유권은 잘게 쪼개진다.

평범한 개인도, 심지어 북한 사람이나 오지의 주민들조차도

인터넷만 된다면 맨해튼의 고가 부동산 지분을

가질 수 있는 세상이 오는 것이다.

이는 자연스럽게 전 세계의 자산 에너지가

* 　블록체인에 기록되는 권리·가치·약속의 단위다.

미국 시장으로 흘러들어가는 구조를 만든다.

주식 역시 STO°라는 토큰 형태로 바뀌며,

누구든 스테이블코인만 있으면

미국 자산 시장에 접근할 수 있게 된다.

더 이상 미국 증권 시장에 계좌를 만들 필요도,

허락을 받을 필요도 없다.

자산권을 통제하는 독재국가에겐

이보다 더 위협적인 변화는 없다.

미국의 반대편에 있는 국가들은

결국 자신들이 살아남기 위해,

디지털 화폐 전쟁에 뛰어들 수밖에 없다.

그들은 미국의 국채를 담보로 쓸 수 없기에,

다른 선택지를 찾아야 한다.

미국 국채를 담보로 디지털 화폐를 만들 수 없다면,

전 세계가 신뢰할 수 있는 다른 담보물이 필요하다.

그때 사용될 수 있는 건 금과 은, 그리고 비트코인 정도다.

하지만 금과 은은 과거의 자산, 아날로그 자산이다.

공간을 초월해 즉시 결제할 수 없다.

디지털 세상에서 아날로그 담보는

- 토큰증권(STO, Security Token Offering), 주식이나 채권 같은 증권을 블록체인 기술을 이용해 디지털 토큰 형태로 만든 금융 상품.

속도와 신뢰 모두에서 한계를 드러낸다.

그래서 결국 남는 것은 디지털 담보물이다.

그리고 지금 이 조건을 모두 만족하는 자산은

비트코인뿐이다.

결국 디지털 세상의 화폐를 이해하기 위해선,

질문은 다시 돌고 돌아 비트코인으로 돌아온다.

비트코인은 왜 신뢰할 수 있는가.

그 질문에 답할 수 있는 순간,

비트코인은 단순한 투자 자산이 아니라,

새로운 질서의 기준이 된다.

미래는 두 부류로 나뉠 것이다.

허락을 받아야만

자산을 움직일 수 있는 사람들과

허락 없이도

자산과 시간을 옮길 수 있는 사람들.

우리는 다시 질문 앞에 선다.

돈은 왜 돈인가.

자산은 왜 내 것인가.

신뢰는 어디에서 오는가.

세상의 엔트로피는 끊임없이 증가하고,

양극화는 심화되고 있다.

세상 모든 자산은 결국 신용화폐 기반 위에서

돌아가기 때문에,

이미 거의 막바지에 들어선 모노폴리 게임처럼,

특정인들이 대부분의 부를 쥐고,

더 이상 역전 불가능한 게임판이 되어 있다.

하지만 디지털 화폐, 비트코인 네트워크는

아직 게임이 시작되지 않았으며,

현실의 자산들이 토큰화되어

스테이블코인으로 거래되기 시작할 때,

그 게임이 시작될 것이다.

아직도 전 세계의 90%는 이 게임에 관심이 없다.

당신이 지금 하고 있는 게임판에서 희망이 보이지 않는다면,

앞으로 십수 년 내에 펼쳐질 새로운 게임판을 공부하는 건

당신에게 기회가 될 것이다.

3부 | 엔드게임

지혜

노인의 지혜를 탐하라

인생의 후반부는 누구에게나 찾아온다.

준비됐든, 준비되지 않았든 간에

자신이 쌓아온 것들로 겨울을 준비해야 한다.

이때는 많은 것들이 투명해진다.

자신이 놓았던 많은 수들이 열매를 맺기도 하고,

가슴을 찌르는 비수가 되기도 한다.

인간의 삶이 노인에서 아이로 거꾸로 흘렀다면,

자신에게 주어진 시간을 그리 허망하게 보내진 않았을 것이다.

당신에게 아직 시간이 많다면,

당신은 노인의 지혜를 탐해야 한다.

그건 얼핏 낡고 고루해 보이지만,

어떤 세상에서도 적용되는 진리가 숨어 있기 때문이다.

당신에게 아직 시간이 많다면,

세상은 (+)와 (-)로 이루어져 있다

사람의 뼈를 이루는 세포 중에는 조골세포와

파골세포라는 게 있다.

조골세포는 뼈를 만드는 세포,

파골세포는 이름 그대로 뼈(골)를 부수(파)는 세포다.

사람의 뼈는 얼핏 보면 단단하게 멈춰 있는 조직 같지만,

그 안에서 두 종류의 세포가 끊임없이 뼈를 만들고,

부수고 하면서 형태를 새롭게 만들어나간다.

어릴 때는 조골세포의 활성도가 커서

튼튼하고, 몸이 자라나지만

나이가 들수록 세포의 활성도는 떨어지고,

두 세포 간의 균형이 깨지며 뼈 안에 구멍이 생기는

골다공증이 생기기도 하고,

결국 그렇게 세포의 생명이 꺼지며 죽음에 이르게 된다.

이 단순한 원리는 뼈의 항상성 유지에 그치는 게 아니고,

생명이 차오르다 균형이 깨지면 죽음이 오는 것처럼

모든 세상에서 일어나는 일의 근본이라고 할 수 있다.

그리고 이 현상은 사람이 사는 사회 곳곳에서도

자주 관찰된다.

예를 들어 우리가 집단 활동을 할 때

동아리든, 조별 과제를 하든지 간에,

구성원들은 (+)와 (−)로 이루어져 있다.

과제를 완수하는 데 (+)인 인간이 있고, (−)인 인간이 있다.

물론 이 분류는 단순히 과제에 대한 기여도뿐만 아니라,

긍정적 분위기를 조성하는 것 같은

과제 외적인 기여도를 포함한다.

(+)와 (−)의 합이 어느 쪽인지는

과제가 잘 완수됐는가를 보면 알 수 있다.

"쟤는 아무것도 안 했어요, 저만 했어요."

이런 말은 사실 결과를 평가할 때는 크게 중요하진 않다.

이건 아주 작은 인간 집단 내에서 일어나는 사소한 현상이지만,

나라 전체를 놓고 비교해보면 앞서 말한 뼈의 생과 사,

인간의 생과 사와 비슷한 현상이 관찰된다.

나라의 생산성이라는 건 무슨 의미일까?

먹고 싸고 노는 사람들보다 뭔가를 만들고,

이뤄내는 사람들이 더 많다는 의미일 것이다.

합이 (+)인 국가는 계속 성장을 해나가고,

그것이 임계점을 넘어 (-)로 넘어가는 순간,

나라에는 빚이 쌓이기 시작한다.

우리나라의 1년 예산은 현재 약 670조 정도이니까,

인구수 5,100만 명으로 나누면,

1년에 1명당 약 1,300만 원 정도의 (+)를

만들어내야 한다는 결론이 나온다.

이건 어린아이들과 노인 같은 생산 불가능 인구를

포함한 수치이기 때문에

적어도 1명이 1년에 2,000만 원 정도는 세금을 내줘야,

빚 없는 국가 운영이 가능하다는 말이 된다.

아마 자신은 나라에서 받은 게 없어서

억울하다고 주장하는 사람들이 있겠지만,

우리가 받는 게 단순히 지원금이나 복지만 있는 건 아니다.

다리나 조경수, 표지판 같은 것도

다 세금으로 만드는 사회 간접 자본이며,

우리가 깨끗한 도로를 걸을 수 있는 것도,

지방에 만들어놓는 공항이나 철도도 마찬가지다.

자신의 주머니에서 안 나간다고,

어려운 사람을 도와주라고,

쉽게 얘기하는 돈들도

다 세금과 빚으로 메꾸고 있다.

매번 갈아엎는 거리의 보도블록이나, 따릉이 같은 것들,

소중한 세금으로 만들어진 그런 것들이

과연 나라 전체에 (+)일까, 아니면 (−)일까?

모든 복지는 다 비용이 들기 때문에,

우리나라에서 개인이 사회적 선을 이루기 위해선,

적어도 한 명이 1년에 2,000만 원 정도의

공공 기여는 해야 적자가 나지 않는다.

물론 사회 구성원에는 가정을 책임지는 가정주부나,

급여가 적은 필수직도 섞여 있으므로,

단순히 세금의 척도로만 계산할 수는 없겠지만,

그런 무형의 기여를 다 합쳐도 생산성이 안 나오기 때문에,

현재 우리나라의 부채는 계속 쌓이고 있는 상황이다.

즉, 대한민국이라는 커다란 조별 과제 속에는

(+)보단 (−)를 만드는 사람이 더 많다는 얘기다.

과연 현재 우리나라 안에는 새벽부터 열심히 일하러 다니는

(+)가 더 많을까,

아니면 평일 낮부터 카페에 앉아서 나라를 걱정하는

(-)가 더 많을까.

아마 대부분의 사람들은

자신은 (+)라고 주장하지 않을까 싶다.

책임은 선과 악의 기준이 된다

얼마 전 유튜브에서 한 어린아이를 보게 됐다.

아이는 찜질방에서 육아 예능을 찍고 있었는데,

촬영해주는 스태프들이 고마웠는지,

아빠 지갑에서 카드를 꺼내가더니,

스태프들에게 먹을 걸 사줬다.

스태프들도 그런 아이의 순수함이 귀여웠는지,

감사히 받아먹었고,

나중에 카드가 사라진 걸 눈치챈 아빠도,

아이에게 다가와 아이의 착한 마음을 칭찬해줬다.

별것 아닌 것 같은 짧은 영상에서

세상이 무언가 잘못되고 있음을 느꼈다.

나는 무언가를 할 때, 에너지의 근원을 살펴보는 걸 좋아한다.

모든 일에는 항상 이유가 있듯이,

모든 행동에도 원인이 있다.

저 사람의 자신감은 어디서부터 나오는가?

저 사람의 이타심은 어디서부터 나오는가?

이걸 알아야지만,

그 사람이 진짜인지, 가짜인지를 판별할 수가 있다.

간단한 에피소드를 소개해보자면,

첫 번째로, 옛날에 알고 지내는 동생이 있었다.

꽤 나이스한 친구였다.

매너도 좋고, 이타심도 있고,

그러면서 별다른 욕심도 없어 보였다.

그 친구는 결혼을 하고 전세로 아파트에 들어갔는데,

당시 싸게 공급되는 임대 사업자 매물을 잡아서,

싼값에 서울 요지의 신축 아파트를 들어갈 수 있게 되었다.

다들 알겠지만, 싼 임대 사업자 매물에 전세로 눌러앉는 건

결국 가난해지는 지름길과 같다.

나는 그 친구가 잘됐으면 하는 마음에,

입지가 조금 떨어지더라도

자가로 들어가는 게 낫지 않겠냐고 권유했다.

당시 부동산 경기가 좋지 않을 때였고,

정부에서는 어떻게든 부동산 경기를 살리려

생애 최초에 한해서 대출도 잘 해주었다.

하지만 그 친구는 웃는 낯으로 내 조언을 흘려 넘겼다.

그리고 어려운 길이 아니라, 쉬운 길을 택했다.

좋은 전세 매물에 살면서, 자기 하고 싶은 걸 하고,

때가 되면 해외여행을 다니는, 그냥 그 나이대 사람들이

으레 하는 평범한 길을 택했다.

아마 그 친구는 내가 쓸데없이 진지하고,

돈 욕심이 많은 사람이라 생각했을지도 모른다.

나중에야 알게 됐지만,

그 친구는 나름의 믿는 구석이 있었다.

부모님이 서울 요지에 자가를 갖고 계셔서,

거기에 기대고 있음을 알았다.

나는 생각했다.

아, 저 친구의 좋음과 밝음의 근원은 저기서 나오는구나.

결국, 자신의 것은 아니었구나.

그 친구는 나중에 십수 년이 지나고,

막상 자신이 상속이나 증여를 받으려 할 때,

세금 때문에 그 아파트에 들어가기 힘들다는 사실을,

그때쯤 깨닫게 될 것이다.

아마 그 친구는 그때서야 세상의 불합리함에 대해

한탄하겠지만, 자신에게 이미 많은 기회가 지나갔음을

기억하지는 못 할 것이다.

그리고 그는 지금도 평소처럼 '평범한' 삶을 살아가고 있다.

두 번째로, 막 결혼을 하고, 잠시 전세를 산 적이 있다.

당시 집주인은 여든이 넘은 노인 분이었는데,

지나치게 깐깐하고, 한 푼도 손해를 보지 않으려는

고약한 사람이었다.

그렇게 전세살이를 하던 중에 마침 사고 싶은 아파트 매물이

생겼고, 전세 계약 때문에 이도 저도 못 하고 있었는데,

운이 좋게도 부동산을 통해 노인 역시 내가 전세 살고 있는

집을 처분하려는 계획이 있다는 소리를 들었다.

나는 다시 계약서를 고치기 위해

부동산에서 노인을 만나게 되었다.

내가 전세에 들어간 지 1년 정도 지났던 시점이었는데,

1년 만에 만난 노인 분은 얼굴이 거무죽죽하고 많이 늙어 있었다.

부동산 얘기를 들어보니,

암에 걸려서 오래 살기 힘들다는 진단을 받았고,

죽기 전에 자산을 정리하여 부인 분께 물려줄 생각이란다.

부인 분은 평생을 부동산뿐만 아니라,

사회생활도 해본 적이 없어서,

276

노인 분은 돌아가시기 전에 미리 자기 손으로

재산을 정리하려 한다는 얘기였다.

그렇게 다시 시간이 흘러

내가 사려는 아파트의 매수 날짜가 정해지고,

그 시기에 맞춰 노인분께 전세금을 돌려받기로

예정되어 있었다.

그런데 막상 매수 날짜가 되었는데, 문제가 생겼다.

노인 분이 나타나지 않고, 전세금도 입금이 되지 않은 것이다.

나는 다급한 마음에 여러 번 전화를 걸었지만,

노인 분은 전화를 받지 않았다.

당시 나에게 집을 파는 매도자는 열쇠를 주지 않았고,

이삿짐센터도 아무것도 못 한 채 기다리고 있던 터라,

정말 머리끝까지 화가 났던 기억이 난다.

오후가 되어서야 노인의 자녀 분에게서 전세금이 입금되었는데,

나중에 알고 보니, 노인 분은 그날 병세가 악화되셔서,

다음 날 임종하셨다는 얘기를 들었다.

나는 마음속에 복잡 미묘한 감정이 들었다.

비록 그 노인 분이 깐깐하고, 매너도 좋지 않고,

그다지 친절한 사람은 아니었지만,

자기 삶에 책임을 다하는 사람이라는 걸 알았다.

선악이란, 친절함과 무례함,

혹은 이타심과 이기심 같은 것이 아니라,

자기 삶에 대한 책임을 말한다.

선행이란 싸구려 만족감이 아니다.

선은 내 것을 나누는 거고,

남의 것을 나누는 건 위선에 불과하다.

선행은 고통스럽고, 하기 싫고, 괴로운 것이다.

선은 봉사 활동 점수를 채우기 위한 2시간짜리

짧은 체험 학습 따위가 아니다.

대부분의 사람이 그저 남의 에너지를 빨아먹으며,

자신이 꽤나 괜찮은 사람이라는 착각 속에 살아간다.

대놓고 남의 에너지를 빨아먹는 자들을

악하다고 손가락질하지만,

많은 사람들이 밝음과 친절을 무기로

주위의 소중한 사람들의 에너지를

야금야금 뺏어 먹는다.

자신의 삶에 책임을 지며 사는 자는 결국 알게 된다.

절대적 선악이란 존재하지 않으며, 그저 상대적일 뿐이고,

남과 싸울 수는 있어도,

그 누구도 남을 정죄할 수는 없음을 깨닫는다.

고통은 오히려 축복이기도 하다

우리 몸에는 고통을 느끼는 시스템이 내재되어 있다.

너무 무리하거나, 위험한 행동을 하면 신체가 통증을

느끼고, 사람은 거기에 적응해서 행동을 조율한다.

고통은 누구나 느끼기 싫을 테지만,

고통 회로는 우리에게 당장의 고통보다도

훨씬 큰 이득을 가져다준다.

함부로 뛰던 아이는 한 번 넘어져 고통을 느끼고 나서야

조심해서 걷는 법을 배우고,

남한테 함부로 말하던 사람은

육체적 통증을 통해 입 조심하는 법을 배운다.

만약 통증 시스템이 없다면,

사람들은 피가 날 때까지 가려운 곳을 긁을 테고,

위장이 찢어질 때까지 음식을 집어넣을 거고,

남에게 아무렇지 않게 함부로 대할 테고,

사회에서 개인을 고통으로 제재할 방법이 없으므로,

사회조차 성립되지 못할 것이다.

고통의 메커니즘을 개인의 영역을 너머

사회 전반적으로 확대시켜보면,

생각보다 사회 현상에 대한 많은 걸 깨달을 수 있다.

앞서 말한 대로 고통은 우리의 행동을 변화시킨다.

사시사철 따뜻한 기후보단, 혹독하고 변화가 많은 기후의

국가가 발전이 더 빠른 이유도 여기서 나온다.

이것은 개인 역시 마찬가지다.

우리나라가 전쟁 뒤의 배고픔과 가난을 통해

발전 동기를 부여받은 것처럼,

개인 역시 끊임없는 고통만이 현재의 상황을 개선하고,

더 나은 자신을 만들 수 있다.

우리는 어렸을 때 부모님께 혼나면서 예절을 배우고,

선생님께 혼나며 상사의 권위를 인정하는 법을 배우고,

불합리한 상황을 받아들이는 법을 배운다.

실연을 당하며 이성을 대하는 법과 인간을 배우고,

몸이 아파야지만 운동을 할 동기를 부여받는다.

그렇다면 개인이 변화하기 위해서 필요한 건 따뜻하고

상냥한 말이 아니라, 부모님이 아이에게 가르치듯
엄격한 훈육일 것이다.

약자와 가난한 사람을 향한
온정주의가 상대방에게 독일 수 있는 이유는
그들의 발전 기회조차 뺏어버리기 때문이다.

우리가 하는 투자 활동 역시 현재의 자본을 축적하여
미래를 대비하는 시스템이다.

즉, 미래의 건강을 위해 하는 운동과 다름없이
미래의 위험을 현재의 고통과 치환한다.
건전한 사회는 감당 불가능한 고통에만 손을 내밀고,
대부분의 개인이 스스로 고통을 이겨낸다.
하지만 안타깝게도 현대사회는 최대한 개인의 고통을
일시적으로 감소시켜주는 대신,
그 비용을 과다 청구하여 누군가가 가져가게 짜여 있는
거대한 매트릭스 시스템이라고 할 수 있다.

원래 상거래란 불편하고, 사기도 당하고,
그러면서 사기를 당하지 않는 법도 배우고,

세상 사는 법을 배우는 건데,

대기업의 편리한 시스템과 고객 만족 시스템에 중독돼버리면

세상이 다 그런 거구나, 하는 착각 속에서 살게 된다.

대기업은 생활 곳곳의 불편함을 해결해주고,

편리한 시스템을 만들어 부를 축적한다.

정부는 보편적 복지를 통해 개인이 극복할 수 있는

영역조차 해결해주고, 표와 권력을 가져간다.

'어디까지가 감당 가능한가?'를 아무도 생각하지 않는다.

사람은 모두 자신의 고통을 부풀리는 경향이 있기 때문에,

객관적인 지표 같은 건 알 수 없다.

분명 50년 전만 해도 먹고사는 걸 걱정했던 나라에서

풍요와 자원이 넘쳐흐르는 나라가 됐건만,

아직도 사람들은 자신이 가난하다,

힘들다고 하면서 살고 있다.

만약 누군가 아무런 병도 없이

방에서 인터넷이나 하며 인생이 너무 불행하다고 느낀다면,

그건 그가 진짜 불행해서 그런 게 아니라,

그의 몸이 너무 편한 매트릭스 시스템에

갇혀 있기 때문일 것이다.

몸에 고통이 없으니, 행동을 바꿀 이유가 없고,

이대로 가면 자신의 삶이 고통에 내던져질 건

내심 알고 있으니, 정신적으로 불행할 수밖에 없다.

사람의 선의는 따뜻한 말 속에 숨어 있지 않다.

상대방에게 자극을 주고, 감당 가능한 고통을 주는 게

어쩌면 진정한 의미의 선의일 수 있다.

상대방의 기분을 맞춰주는 달콤한 말은

뱉는 자에게 이득을 가져다주고,

상대방에게 일시적 진통제를 놔주는 것과 같지만,

비난받더라도 불편한 진실을 말해주는 건

자신의 사회적 평판을 포기하고,

상대방에게 더 나은 미래를 선물하게 된다.

따라서 우리가 살면서 바랄 건

몸의 편안함과 정신적 평온이 아니다.

현명한 사람은 항상 몸이 편하고, 풍족하고,

편안함을 바라는 게 아니라,

자신에게 감당 가능한 시련이 내려지길 기도한다.

사회가 나아질 수 있는 유일한 방법

태초에, 아무것도 없는 초원에서 사람들이

처음으로 농사를 짓기 시작했다.

그들은 농사를 통해 현재의 쾌락과 욕구를 참는 대신

지금의 땀방울을 미래로 보내는 방법을 터득했다.

인간의 발전이란 바로 여기서 시작됐다.

현재가 아닌, 미래를 위해 사는 인간들에 의해서,

모든 인간 문명이 만들어지기 시작했다.

하지만 문제가 생겼다.

내가 소중히 땅을 일구고 수확물을 만들어도,

그걸 승냥이 떼처럼 기다리고 있다가

날름 훔쳐가는 인간들이 생기기 시작했다.

바로 기생충의 등장이었다.

인간은 이때부터 두 종류로 나뉘어졌다.

미래를 사는 사람, 만드는 사람,

자연으로부터 에너지를 얻는 사람인 생산자와

현재만 사는 사람, 부수는 사람,

인간으로부터 에너지를 얻는 사람인 즉 기생충으로 말이다.

생산자가 많을 땐, 나라는 번창했다.

반대로 기생충이 많을 땐,

나라엔 빚이 쌓이고, 쇠락해갔다.

마치 꽃이 피고 지는 것처럼

끝나지 않는 자연의 순환이 생겨났다.

인간들은 자신들이 미래에 늙을 거라는 걸

머리로는 알지만, 진정으로 이해하지는 못 한다.

자신들이 좇는 것들이 다 무가치해지고,

나이를 먹으면 새로운 욕망이 자라난다는 사실을 알지 못한다.

학생은 자유를 원하고, 청년은 돈과 이성을 원하고,

노년은 건강과 사람을 원하고,

죽음 앞에서 신의 구원을 원한다는 사실을

그 자리에 서야만 비로소 이해한다.

짧은 100년 인생조차 그럴진데,

수백 년이나 되는 국가의 노화를

일개 개인이 깨닫기는 쉽지 않다.

하지만 대한민국에서 사는 우리들은

나라의 탄생과 발전, 몰락을 모두 경험했기에,

경험적으로 그 변화를 보다 쉽게 이해할 수 있다.

해방 이후, 대한민국은 아무것도 없는 곳이었다.

그저, 봉건시대 사고방식을 가지고 있는

2,000만 명의 가난한 국민밖에 없던 나라였다.

그때로부터 80년이 지난 지금,

절반은 풍요 속에, 절반은 절대적 빈곤 속에 던져져 있다.

이 차이는 어디서부터 왔을까?

처음 시작은 자산권이었다.

대한민국의 지도자는

땀을 흘리는 국민들, 즉 생산을 하는 국민들이

자신들의 수고로움을 저장할 수 있는 그릇을 만들어줬다.

국가의 가장 중요한 가치저장수단인 땅을

정권이, 정치인이 소유하지 않고, 국민들에게 나눠줬다.

아무리 열심히 해봤자 자신의 수고로움을

저장할 그릇이 없다면, 국가는 발전할 수 없다.

한국전쟁 중에 공산당들의 선전 선동이 먹히지 않았던 이유는

결국 온 국민이 지킬 자산이 있는 지주였기 때문이다.

반면 우리 위에 붙어 있는 저 나라는

가치저장수단을 모두 한 명이 독점해버렸다.

그들은 입으로는 인민을 위한다고 소리쳤지만,

개인들은 아무리 열심히 일해도 자산을 모을 수 없었으므로,

아무도 열심히 일하지 않게 되었다.

땅으로 번 에너지는, 지주인 국가가 모두 먹어 치웠다.

개인은 법으로 묶여, 국가를 위해 자신의 노동력을 바쳐야 했다.

그들이 가진 화폐는, 인플레로 녹여 국가가 환수해갔다.

결과는 수십 년이 지난 지금, 너무나 명백하게 우리 눈앞에 있다.

겉으로 보이는 변화는 자산권으로부터 시작되었지만,

결국 그 변화의 진정한 시작은

눈에 보이지 않는 지도자의 마음속으로부터 시작되었다.

지도자가 그런 이타적인 결단을 내릴 수 있는

근원은 어디서 나왔을까?

사람들은 재건축, 재개발에서

일조권 하나를 가지고도 수십 년을 싸우는데,

자기가 가질 수도 있었던 수많은 자산권을 포기하는

헌신적인 사랑은 어디서 나온 걸까?

그건 바로 그가 가진 신앙심이었다.

사람들은 신앙과 정치 경제를 분리해서 생각하려 하지만,

신앙과 종교 없이는 정치도, 경제도 존재할 수 없다.

인간은 태어나자마자 가장 중요한 질문을 맞닥뜨린다.

신은 존재하는가,

그 대답에 따라 인생의 모든 게 바뀐다.

신앙심은 내세를 위해

지상의 것을 포기할 수 있는 믿음을 준다.

대부분의 사람들이 진짜 선행이 아닌, 거래를 한다.

남이 보이는 곳에서 선행을 베풀고, 대가로 명예를 가져간다.

명예는 결국 더 큰 물질로 거래될 수 있기에,

엔트로피는 줄어들지 않고, 사회는 더 나아지지 못한다.

진정한 엔트로피의 감소는 오른손이 한 일을

왼손이 모르게 할 때에 만들어진다.

신을 위한 사랑,

그리고 내세의 보답을 위한 물질의 포기는

인간의 욕망에 역행하지 않으면서

사회를 진정으로 선하게 만든다.

그리고 이것이야말로 법과 제도 이전에

사회를 선하게 만드는 가장 중요한 한 가지가 된다.

한국이야말로 진정으로

미국의 제도를 온전히 받아들일 수 있었던 이유는

미국의 자유민주주의를 이루는 가장 중요한 요소,

청교도 신앙 위에 나라를 건설했기에 가능했다.

신앙인에게 공산주의와의 타협 따윈 존재할 수 없었다.

개인의 재산권을 독점하려는 자들,

사람들을 노예로 만들려는 자들과

개인의 재산권을 돌려주려는 자,

사람들에게 자유를 주려는 자

사이에서 타협할 게 뭐가 있겠는가.

그렇게 건국된 대한민국은

드디어 높게 발전할 수 있는 모든 조건을 갖추고,

앞으로 나아갈 수 있었다.

대한민국이 처음 건국되던 시절,

대부분의 국민들은 생산자였다.

흔히 건국 세대라고 불리는 60대 이상의 사람들은

기생충보다는 생산하는 자에 가까울 수밖에 없었다.

그들은 겨울에 태어났기 때문이다.

그들에게 세상은 원래 태어날 때부터 춥고,

배고프고, 가난하고, 잔인했다.

그들은 태어나자마자 가장 중요한 진리를 배울 수 있었다.

세상에 당연한 것 따위는 아무것도 없다.

내가 공짜로 누린다면, 그건 누군가의 땀방울이다.

수십 년을 살면서도 쉽게 깨달을 수 없는 진리를

온 국민이 체득할 수 있었다.

거기에 국가가 준 쉽게 훼손되지 않는 그릇,

땅이라는 가치저장수단과 마음속에 뿌리내린 신앙은

그런 그들의 노력과 맞물려 폭팔적인 성장을 만들어냈다.

그들은 때론 단순 무식하고, 고집스럽고,

예의가 없고, 꾸미지 않았지만

성실했고, 조직에 순응할 줄 알았고,

자손을 위해 자신의 것을 포기할 줄 알았다.

어떤 악한 정치인이 들어서도

그들은 그들이 에너지를 얻을 수 있는 땅,

즉 자산권과, 거짓에 속지 않고 진리를 이해할 수 있는

신앙이 있었기에 싸울 수 있었다.

하지만 시간이 지남에 따라,

나라엔 생산하는 자들보다 기생충이 더 많아지기 시작했다.

그건 시간이 지남에 따른 어쩔 수 없는 결과이기도 했다.

본래 모든 물질세계의 엔트로피는 증가하기 때문에,

뛰어난 자들은 더 많은 자산을 소유하기 시작했고,

굳건했던 신앙심도 옛 유럽과

미국이 그랬듯이 쇠퇴하기 시작했다.

점점 미래보단 현재를 바라보는 사회가 되었고,

길거리에서 전도를 하는 자들도 사라진 채,

교회는 그저 신앙이 아닌 종교의 일부로써 작동하기 시작했다.

신앙이 사라지자, 가진 자들은 더 이상 나누지 않게 되었고,
가지지 못한 자들은 목적을 잃고 탕황하기 시작했다.

인간에게 신이 존재하지 않는다면
물질세계의 성공이 전부이기 때문에,
가진 자들은 집, 차, 그림, 혹은 자신의 도덕적 우월감을
챙기기 위한 과시용 기부에 집착했고,
가지지 못한 자들은 자신의 무너진 자존감과
고통을 받아줄 새로운 피난처를 찾아야만 했다.
그리고 그런 순간,
불행한 자들에게 항상 찾아오는 악한 이들이 있다.

우리나라의 새로운 세대들, 그들은 봄에 태어났다.
그들에게 풍요는 날 때부터 공기처럼 당연한 것이었다.
집 앞에 마트가 있고, 당연한 듯이 공부를 할 수 있고,
수도꼭지를 돌리면 언제든 따뜻한 물이 나오고,
언제든 일할 수 있는 일자리가 있고,
당연한 듯이 바닥에 깔려 있는 보도블록들이
누군가의 목숨 값이라는 걸 전혀 이해하지 못했다.
자신들이 얼굴도 모르는 누군가의 피로 은혜를
받았음을 알지 못했다.
자신들이 사는 아파트가 많은 노동자의 죽음 위에
지어져 있음을 배우지 못했다.

때문에 그들은 건설사가 안전 비용을 올릴수록,

노동자들의 사망률이 떨어질수록,

아파트 값이 올라간다는 사실을 이해하지 못했다.

자신들의 부모들이 과거를 희생하여

현재를 이루었다는 사실을 배우지 못했다.

때문에 자신들이 즐기는 모든 것들이

현재를 위하여 미래를 희생한 선택이라는

사실을 이해하지 못했다.

자신의 위 세대가 태어난 순간부터

전쟁터에 서 있었다는 사실을 배우지 못했다.

때문에 자신들의 안전하고 풍족한 유년기가

그저 즐기는 시간이 아니라,

미래를 준비하라고 부모로부터 주어진 황금 같은

기회라는 걸 이해하지 못했다.

그들은 물질적 풍요를 받았지만

대신 감사할 줄 아는 마음을 받지 못했다.

그들에게 세상은 원래 그래야만 하는 것이었다.

국가는 당연히 국민을 위해 봉사해야 하고,

범죄는 일어나선 안 되며,

해외에 놀러가서 마주치는 빈곤과 가난이

자신들의 일이 될 거라는 상상조차 하지 않았다.

그들은 날 때부터 기생충이 되기 좋은

조건을 갖고 있었다.

기생충은 단순히 물질적 부의 생산량으로 나뉘지 않는다.

사회에 기여하는 바보다 가져가는 게 더 많은 자들은

기생충이 된다.

나라에 숙주보다 기생충이 많아지는 순간,

나라의 파멸은 그저 정해진 순서에 따라 움직일 뿐이다.

생산하는 자들은, 문제를 자신에게서 찾는다.

기생충들은, 문제를 외부에서 찾는다.

기생충들은 자신들의 마음속에 응어리진 분노와

불행한 원인을 외부에서 찾아 헤맨다.

젊음을 탕진하고, 일에 치인 자들이

자신을 책임질 배우자를 찾아 헤매는 것처럼

그들은 자신들이 젊은 시절,

지금의 고통을 만회할 기회가 여러 번 있었다는 사실을

애써 외면한 채 자신들의 문제를 해결해줄 절대적 누군가,

정부를 찾아 헤맨다.

하지만 정부는 생산하지 않으므로,

문제를 해결하지 못하고, 그저 겉으로 드러나는 문제를

숨기는 데만 급급하게 되어 있다.

기생충들은 자신들의 생산성의 향상과 전혀 상관없이,

그저 자신을 둘러싼 환경이 더 나아지기만을 원한다.

선한 정부는 그런 현실은 불가능하다며,

이들을 가르치려 들지만

기생충들은 그런 정부 따위 원하지 않는다.

당연히 선한 정부는 점점 선택받지 못하고,

문제를 숨길 줄 아는 악한 정부만이 남게 된다.

우리가 느끼는 모든 사회적 변화들은

정부가 치열하게 문제를 숨겨놓은 흔적들이다.

지방의 노동력이 떨어지자, 외국의 노동력을 가져온다.

외국으로 자본 유출이 심해지자,

부동산 부양을 통해 자본 유출을 막는다.

시장에 돈이 돌지 않으면, 빚을 내서 뿌린다.

결국 모든 문제는 생산의 문제,

사람들이 만족할 만한 자원의 부족에서 생기기 때문에

해결책은 자원을 더 벌어오거나,

사람들의 욕망이 줄어들거나(감사할 줄 알거나),

빚을 내고 자원을 얻어오는 방법밖에 없는데

당연히 정부는 쉬운 길,

부유한 자들의 세금을 늘리거나, 빚을 지는 선택을 하게 된다.

그리고 빚과 세금은 건실하게 생산하는 자들의

의욕을 감소시키고,

그들을 점점 기생충으로 변화시키게 된다.

문제가 해결되지 않으므로, 문제는 점점 곪기 시작하며,

마치 진짜 원인을 해결하지 못하고 평생을 싸우는 부부처럼

사회엔 불만과 갈등만 차오르기 시작한다.

그리고 마지막에 가서는 진정으로 악한 정부,

개인의 자산을 소유하려는 자가 나타난다.

사람들은 스스로의 목에 목줄을 채워 그들에게 가져다 바친다.

악한 자들, 사기꾼들의 행동 원리는 단순하다.

사회생활을 하다 보면,

어디를 가든 이간질을 하는 자들을 만날 수 있다.

그들은 본능적으로 남의 불화와 불행을 통해

상황을 통제하는 걸 즐긴다.

선한 자들은 자신의 노력으로

남에게 필요한 사람이 되길 바라지만,

악한 자들은 남의 불행을 통해 자신이 구원자가 되길 바란다.

구원자가 되기 위한 필수 요건은

불행한 사람들이 필요하다는 것이다.

그들은 사회의 가장 중요한 생산 기지인 가정이

평화롭길 바라지 않는다.

평화로운 가정에서 그들은 아무 역할이 없기 때문이다.

그들은 결혼이 지옥이길 바라고,

모두가 이혼을 숙려하길 바라고

모든 금쪽이들이 정신과에 다니길 원한다.

그래야만, 그들이 개입할 수 있기 때문이다.

때문에 그들은 항상 무언가와 싸우고 있는 것처럼 연출한다.

그들은 신앙이 번성하길 원하지 않는다.

'올바른' 신앙은 생산성을 만들어내는 가장 큰 원동력이고,

따라서 신앙이야말로 그들의 가장 큰 적이다.

생육하고, 번성하고, 생산하며,

대가 없이 이웃과 나누며,

원수를 원수로 갚지 않고,

범사에 감사하며,

사회에 평안을 퍼뜨리는 자들은

그들로서는 자신들의 존재 의의를 말살시키는 악과 같다.

하지만 본래 사기란 건

결국 남의 것을 뺏어가는 게 목적이기 때문에,

시대에 따라 사기의 이름만 바뀔 뿐 본질이 바뀌진 않는다.

그저 악인들이 같은 인간을 착취하고,

자산권을 뺏어가려는 몸부림일 뿐이다.

때문에 그들은 상대방을 속이기 위해

매번 새로운 단어를 만들어내며,

대상에 이름을 붙이는 데 매우 집착한다.

사람들은 단어를 통해 세상을 형상화하기 때문에
따뜻한 어감의 단어로 사람들의 정신적 장벽을 느슨하게 하고,
적들에게는 부정적인 단어를 붙임으로써,
적들의 이미지를 고착화시킨다.

이러한 사기를 당하지 않는 자들,
깨어 있는 자들은 아무리 좋은 말로 유혹해도,
말의 어감이 아닌, 결과에 집중한다.
자신의 손으로 세상을 살아가지 않는 자들은
이런 수법에 쉽게 넘어가고 선동된다.

1980년대 이후 기생충의 증가는
대한민국을 사기 공화국으로 만들었다.
처벌받는 사기꾼은 삼류고,
처벌받지 않는 사기꾼이야말로 일류다.
사기의 피해자들은
자신들이 어떤 방식으로 부를 착취당했는지조차
파악하지 못하고 있다.

그렇게 온순한 양들 같은 기생충 속에서
화폐 인플레는 자산 시장을 더욱 양극화시키고,

가진 자들을 소수로 만들고,

가난한 자들을 더 가난하게 만들었다.

결국 행동 하나하나를 국가에게 허락받아야 하는

나라로 만들어가고 있음에도,

이제야 점점 안전하고 이상적인 국가가 돼간다는

환상에 젖어 있다.

어떤 사람들은 자산 시장이 오른다고 환호하지만,

자산 시장이 양극화된다는 건

생산자들이 소수가 되고 있다는 말과 같다.

소수는 민주주의 정치인의 가장 좋은 먹잇감이 된다.

암세포가 수십 년 동안 자라나듯이

기생충이 늘어나는 건

어떤 사회든지 간에 피할 수 없는 숙명이다.

사람이 죽음을 피할 수 없는 것처럼

사회의 죽음도 한낱 인간의 손으로 막을 순 없다.

하지만 인간 스스로는 죽음을 받아들이더라도,

그 안의 세포 하나하나는 죽는 그 순간까지

몸 안에서 자신의 역할에 최선을 다해야 한다.

최선을 다한다는 건 뭘까?

나는 해답 없는 문제 제기를 싫어한다.

세상은 어차피 정반합이며, 생명과 죽음의 전쟁터고,
생산자와 기생충은 영원히 싸울 수밖에 없는 운명이다.
서로 자기편을 늘리려 싸우는 것이야말로
사회에서 일어나는 정치라는 이름의 전쟁이며,
생산자가 살아남기 위해서는,
혹은 더 오래 연명하기 위해서는
사회에 생산자를 늘리는 방법밖에 없다.

생산자는 어떻게 늘릴 수 있을까?
답은 우리나라가 수십 년 전에 그러했듯이,
올바른 신앙 속에서 찾을 수밖에 없다.
일찍이 대한민국의 구원은 미국이라는 나라가 아니라,
바로 신앙으로부터 나온 것이기 때문이다.

우리는 그들에게 신앙을 전달해야 한다.
그건 상대방을 내가 아는 지식을 통해 바꾸는 게 아니다.
위에서 가르치듯 전달하는 지식이 아니라,
아래부터 섬기는 신앙의 전달이 필요하다.

정치적 투쟁도, 재정적 지원도 심령이 가난한 자들의
마음속 빈자리를 메꿀 수는 없다.

오직 유물론을 대신할 신의 존재만이
저들이 세상을 보는 눈을 진정으로 바꿀 수 있다.
늙은 노인이 다시 젊어지는 기적은
오직 신앙을 통해서만 이룰 수 있다.

생산자들은, 남의 탓을 하지 않는다.
저들을 미워할 시간에,
저들을 변화시킬 방법을 찾아낸다.

첫 시작은
내가 별 볼 일 없는 사람이라는 걸 인정하는 것,
내가 저들보다 나은 상황에 있다는 것이
나의 덕이 아니라는 걸 인정하는 것.
나도 저들과 같은 시험에 들었을 때,
같은 선택을 했을 거라는 것을 인정하는 것.
그리고 그들에게 뺨을 맞더라도,
포기하지 않는 일이 될 것이다.

그 어떤 투자보다 우선하라

가족은 중요한 가치저장수단이다.

무언가에 집중하다 보면 항상 잊곤 하지만

우리는 게임의 룰을 잊어선 안 된다.

가족은 세상을 함께 헤쳐나가는 팀이다.

당신과 누군가가 배우자로서 연이 맺어지는 순간,

둘은 법적으로 정신적으로 공동체가 된다.

공동체란 건 이익이 동기화됨을 의미한다.

회사에서 자꾸 당신에게 가족 같은 회사라며

가스라이팅을 하는 이유는

회사의 이익과 당신의 이익이 동기화되어 있음을

주입하기 위함이다.

이익이 동기화되면 둘은 서로의 성공을 빌어주고,

강한 상승작용을 일으킨다.

1+1이 2가 되기도 하고, 10이 되기도 한다.

인간은 고대로부터 가족을 이룸으로써,

남편의 성공은 아내의 성공이 되었고,

자식의 성공은 부모의 성공이 되었다.

두 가문 사이의 불화를 결혼을 통해 해결하기도 하고,

두 가문이 결합하여 더 큰 힘을 내고 더 큰 일을 도모했다.

이건 비단 재벌이나 귀족 같은

거대한 가문만의 이야기가 아니다.

당신 역시 결혼을 하는 순간, 배우자와 배우자의 부모,

가족이라는 동맹 플레이어를 고르는 것이다.

가족이 없는 자들이 세상을 혼자 힘으로 헤쳐나갈 때,

유대감이 강한 가족들은 2명이서, 3명이서, 10명이서

한 몸처럼 움직인다.

사회는, 혼자 하는 게임이 아니라

모두가 동시에 진행하는 상대평가 게임이기에,

스스로 불리한 위치를 고른다면,

그 불합리함도 감수해야 한다.

남들은 당신이 좋은 가정을 가지길 원하지 않는다.

좋은 배우자의 수는 한정되어 있고,

한쪽이 차지하면 한쪽이 기회를 잃는

제로섬게임이기 때문이다.

때문에 가족이 가질 수 있는 장점보다, 단점을 부각한다.

그리고 당신이 가족을 만드는 데

쓸 에너지를 모두 자신들을 위해 쓰기 권한다.

차나, 가방이나, 여행, 개나 고양이 같은 것들 말이다.

따라서 현명한 사람들일수록,

저런 외부 블러핑에 흔들리지 않는다.

그리고 신중하게 자신과 같이 싸울 멤버를 고르고,

결혼이라는 계약을 맺는다.

자신이 고른 선택은 자신이 책임져야 한다.

좋은 배우자의 주변엔, 그를 키운 좋은 가족들이 있으며,

나쁜 배우자 역시, 좋지 않은 가존이 있다.

상대방의 치명적인 결함을 눈치채지 못했다면,

상대방의 문제에 앞서,

당신의 판단력이 잘못됐을 뿐이탄 걸 깨달아야 한다.

이건 어디까지나 서로의 선택이기에,

좋은 배우자의 조건은 일방적으로 평가하는 게 아니라,

당신 역시 '작업 증명'당해야 한다.

상대방은 당신이 평생 동안 쌓아 올린 것들 중에

하나에서부터 매력을 느끼므로,

당신이 평생 동안 어떤 가치관을 가지고,

어떻게 시간을 썼는지가 배우자에게

그대로 투영되게 되어 있다.

일단 두 사람이 결혼을 한 순간,

두 사람 간의 분쟁은 어떤 상황에서도

서로에게 마이너스가 날 뿐이다.

어떤 부부들은 서로의 소득을 공개하지 않고,

각자 규칙을 만들어 체계적인 시스템을 만들려 하지만,

그건 애초에 분쟁의 씨앗을 스스로 심어두는 것과 같다.

규칙을 만든다는 건,

매번 싸울 일이 생긴다는 것과 같은 뜻이기 때문이다.

자유시장경제의 시장 원리와 마찬가지로,

사람 사이의 관계는 특정한 규제로 일일이

통제할 수 있을 만큼 단순하지 않다.

그 복잡함을 단순한 법 몇 개로 통제하려 하는 순간,

서로는 오히려 그 법으로 인해 불만이 쌓이고 분쟁이 일어난다.

이건 비단 부부의 문제를 넘어

사회 전반에서 일어나는 문제로,

옛날 부모들이 아이가 싸우거나 분쟁이 생겼을 때,

어떻게든 원만하게 타협하고 넘어간 것에 반하여,

요즘 부모들은 법적 분쟁까지

끌고 간다는 점에서 부부 사이의 관계와 유사함을 가진다.

분쟁은 모든 상황에서 손해를 만들고,

그 손해는 분쟁으로 이득을 얻는 이들,

법조인의 파이를 늘려줄 뿐이다.

용서와 인내는 남을 위함이 아니라 본인을 위한 결정이다.

따라서 어떤 불합리한 상황이라도 능숙하게 넘어갈 줄 아는 자야말로,

진정으로 어른이라 할 수 있을 것이다.

결혼은 분명 좋은 점만 있지는 않다.

하지만 망하는 게 무서워서 껍질 안에 숨어 있어도 될 만큼

세상의 시스템이 자비롭지 않기에,

당신은 깨지고 부서질 걸 알고도 바다로 나아가야 한다.

결혼은 어떤 투자보다 우선하며,

당신의 인생을 걸고 하는 단 한 번(혹은 몇 번)의 투자이므로,

자기개발이나 자산 투자, 여행 따위로 놓치기엔

수지가 맞지 않는다.

결혼이 투자와 무슨 관계가 있냐고 생각할 수도 있는데,

놀랍게도 매우 상관관계가 높다.

흔히 잘못된 투자 결정을 하는 이유 중 하나가

결혼 후 스트레스나 재정적 압박에서 비롯되기 때문이다.

내 지인 중 한 명은
결혼 후 안타깝게도 이혼을 하게 되었는데,
그 스트레스는 그 친구를 주식 투자,
그중에서도 절대 손대면 안 된다는 선물 투자의 길로 끌어들였다.
결국 지나친 레버리지를 걸다 예치금은 물론 빚까지
지게 되었고, 지금은 개인회생을 신청한 상태다.

세상 일에 100%는 없지만
만약 그 친구가 이혼을 하지 않았다면,
결혼을 그 사람과 하지 않았다면,
그 사람과 연애하지 않았다면,
그 사람을 긍정적으로 볼 가치관을 갖지 않았더라면,
지금의 파산도 안 일어나지 않았을까 하는
생각을 지울 수 없다.

세상일은 모두
서로 달라 보이는 것들도 다 연결돼 있고,
세상을 딱딱 끊어서 보는 것보다는
하나의 통합 사고로 바라보는 것이 훨씬 나은 통찰을 제공해준다.

따라서 배우자를 정할 때는

그 어떤 종목을 고를 때보다 신중하야 할 것이다.

결혼은 사랑의 문제가 아니다.

전략의 문제다.

당신의 인생을 어떤 궤도에 밀어 넣을지,

어떤 팀과 어떤 전장에서 싸울지를 정하는 선택이다.

잘못 고른 주식은 손절하면 끝나지만

잘못 고른 배우자는

시간, 감정, 판단력, 그리고 인생 전체를 잠식한다.

그래서 배우자를 고르는 일은

인생에서 가장 늦게 배워선 안 되는 투자다.

그리고 이 게임에서 무지와 낭만은

가장 비싼 비용으로 청구된다.

 **핵심 지혜**
- 가족이라는 가치저당수단에 나를 담는 건 그 어느 투자보다도 가장 높은 가치를 창출할 수 있다.

아이는 넘어지면서 뛰는 법을 배운다

자유시장경제와 사회주의는 자유와 통제,

결국 본질적으로 순행과 역행이다.

물레방아는 물의 위치에너지를 이용하고,

비행기는 대류의 흐름을 타고,

자동차는 바퀴를 둥글게 만들어,

마찰에너지를 최소화한다.

우리는 자연물이기 때문에,

최대한 자연의 흐름에 역행하지 않고, 자연에 맞춰 살 때,

효율적으로 살아갈 수 있다.

따라서 수천만 인간 사이의 에너지 교환을

한두 개의 법으로 통제하려는 사회주의는

자연의 이치에 역행하며, 필연적으로 큰 비효율과

누출되는 에너지가 발생하게 된다.

이것이 사회주의가 실패하는 이유 중에 하나다.

사실 이런 물리법칙은 양육에도 똑같이 적용된다.

우리는 현대사회에 태어났기에

우리를 둘러싼 환경에 대해 의문을 품지 않지만,

수천 년의 인류 역사를 통틀어 '정브'라는

시스템에 의해 인위적으로 통제된 시기는 채

100년도 되지 않는다.

이 시스템이 분명 우리의 어린 시기를 물리적으로

안전하게 보호해주는 건 사실이나,

문제는 그 보호비의 몇 배나 되는 비용이

성인 이후에 청구되는 시스템을 만들어버렸다는 것이다.

어렸을 땐 다 똑같이 공교육을 받고,

사회 안전망이라는 이름으로 보호를 받지만

결국 세상에 공짜는 없기에,

그 비용은 누군가의 주머니에서 나와야 한다.

그 비용은 1차적으로 자산을 갖고 있는 사람들에게

세금이라는 이름으로 청구되고,

2차적으로 자산이 없는 자들에게 인플레라는

이름으로 우회하여 최종 청구된다.

그 빚은, 평범한 사람들이 평생의 노동으로 갚아야 한다.

따라서 어른의 의무 중 하나는

아이들에게 세상에 공짜가 없다는 '진리'를 가르치는 것이다.

아이들은 훈육의 대상이다.

요새 사람들은 미디어의 영향으로

아이들과 민주주의를 하려 하지만,

세상엔 하고 싶어서 하는 것보다,

싫어도 무조건 해야 하는 것들이 훨씬 많다.

아무것도 모르는 아이들에게 양육에 대해 묻고,

허가를 구하는 건

스스로 양육자로서의 자격을 포기하는 것일 뿐이다.

양 떼의 의사를 묻는 목자가 어디 있겠는가.

물론 이런 양육의 문제는

사회의 좀 더 근원적인 문제로부터 비롯된다.

개인의 소득이 줄면서 남녀는 어쩔 수 없이

같이 일을 하게 됐다.

따라서 부모들 역시 경제활동으로 인해

아이를 양육할 에너지가 부족하고,

아이와 보내는 시간이 줄어들기에,

시간과 인내가 필요한 방법보단

장난감을 사주거나 아이에게 맞춰주는

방향으로만 가게 되는 것이다.

이런 양육 방식은 처음엔 별로 문제가 없는 것처럼 보이지만,
아이가 모든 게 자기 마음대로 되던 유년기를 지나
성인이 되어 통제 상황에서의 간극을 점점 느끼기 시작할 때,
그 대가는 온전히 부모에게 돌아온다.

아이는 넘어지면서 조심히 뛰는 법을 배운다.
날카로운 종이에 베여봐야 날카로운 것들을
미리 조심하는 눈을 키운다.
배가 고파야, 밥을 찾는 법을 배운다.
고통과 자극은 행동을 변화시키기 위한 필수 요소다.
사람은 추워야 옷을 입고, 더워야 옷을 벗는다.
인생에서 겪는 수만 개의 상호작용을 통해
어디까지 행동하고, 무엇을 먼저 할지,
가치판단의 기준을 습득한다.

하지만 부모의 지나친 사회주의식, 온정주의식 개입,
통제, 규제는 아이의 보상 회로를 망가뜨린다.
아이는 삶을 배워가는 단계이기 때문에,
누군가를 때리면, 본인도 맞을 수 있다는 걸 경험해야 하고,
공부나 유용한 것들을 배우지 않으면,
밥을 굶는다는 걸 경험해야 하고,
작은 거짓말들이 파멸적인 결과를 초래할 수 있다는 걸
경험해야 한다.

하지만 이 모든 상호작용을 부모라는 절대적 존재가

대신 책임져주고, 방해하기에,

아이는 고통을 배울 기회를 놓쳐버린다.

세상에는 '공짜 점심은 없다'는 당연한 진리를

너무 늦게 배운 아이는, 경쟁에서 뒤처지기 쉽다.

또한 아이가 어렸을 때 반드시 배워야 하는 필수적인 능력은

바로 남의 입장에서 생각하는 능력이다.

이건 세상살이의 모든 분야에 영향을 끼친다.

시험을 잘 보는 방법은 뭘까?

출제자의 입장에서 생각하는 것이다.

연애를 잘하는 방법은?

상대방이 원하는 게 뭔지를 이해하면 된다.

사업을 잘하는 사람은 어떤가?

고객의 눈으로 자신을 평가할 줄 알면 된다.

따라서 남의 입장에서 생각한다는 건

남을 위하는 길이기도 하지만,

그보다 먼저 자신을 더 나은 인간으로 만드는 길이다.

이 능력은 어렸을 때부터 자연스레 체득되는데,

어렸을 때 돈이 많거나, 덩치가 크거나, 예쁘거나,

잘생겨서 남의 눈치를 볼 일이 없는 사람들일수록

이런 능력이 떨어지기 쉬우며,

반면에 남의 눈치를 많이 보고 산 사람일수록

어쩔 수 없이 남의 입장을 생각하게 된다.

이건 외모와 형제 유무에 따라 천차만별로 갈리기 때문에,

부모의 역할이 무엇보다 중요하다.

결국, 아이를 순리에 맞게,

자유시장경제 시스템에 입각하여 키우려면,

아이에게 적당한 상호작용이 이르어질 수 있는

환경을 마련해주어야 한다.

공부를 안 하면, 예의가 없으면, 사랑이 없으면,

그 대가를 치르게 하되,

그게 훈육을 넘어 학대가 돼서는 안 된다.

사랑이 빠진 훈육은 학대로 가기 쉽다.

결국 아이의 정신을 만드는 부모의 가치판단 기준,

이게 바로 아이를 올바르게 키우는 가장 중요한 부분이 된다.

이러한 판단은 수십 년 인생을 먼저 산

부모의 인생에 그대로 녹아 있기 때문에,

누군가 글 한 줄, 강의 하나로 바꾸기엔 무리가 따른다.

원래 한쪽으로 치우치는 것은 쉽지만, 중간을 잡는다는 것은

외줄 위에서 끊임없이 몸의 방향을 수정해야 하기에,

많은 에너지가 들어가는 법이다.

따라서, 부모는 아이를 바라볼 게 아니라,

자신이 바뀌면 아이도 바뀐다.

부모가 어른이라면, 아이도 어른이 된다.

부모가 아직 어른이 아니라면,

아이 역시 어른이 되는 법을 배우지 못할 것이다.

핵심 지혜

- 아이는 사랑으로 다루되, 상호작용이 일어날 수 있는 환경을 만들어주고 훈육해야 한다.
- 아이가 반드시 배워야 하는 능력은 남의 입장에서 생각하는 것이다.

늙음은 누구에게나 찾아온다

나이 듦은, 누구에게나 공평하게 찾아온다.

노동력의 상실은 사람을 위축시킨다.

그 빈자리를 메울 물리적 자산,

돈이 있다면 그나마 낫지만,

그게 준비됐다고 해서

꼭 안정적인 노후가 보장되는 건 아니다.

사실 노년에서 돈보다 더 중요한 건,

자신이 있을 자리를 만들어놓는 일이다.

사람은 돈으로 사는 게 아니라,

사람과의 상호작용으로 살아간다.

돈은 그저 상호작용을 위한 매거물일 뿐이다.

하지만 안타깝게도, 젊었을 때 돈을 버는 데

헌신한 가장일수록,

은퇴 후에 돈이 아닌 인간관계에서

심각한 결핍을 느끼는 경우가 많다.

오랜 사회생활로 사람은 완고하고, 편협하고, 무감정해지고,

육체 또한 늙고 병들어 볼품없어지지만,

사회는, 혹은 사람들은

그런 당신 노력의 훈장 따윈 그다지 인정해주지 않는다.

살을 다 발라먹은 고기처럼,

나이 든 몸은 매력이 떨어지며,

더 이상 새로운 사람이 다가올 유인이 사라진다.

돈이 있어도, 남들에게 그 사실은 그다지 중요하지 않다.

어차피 가족 외에 남에게 주지도 않을 돈을 자랑해봤자,

다른 사람들에겐 아무런 감흥이 없기 때문이다.

이건 안타깝지만 이해하고 받아들여야 할 세상의 구조다.

당신이 젊은 시절 무심하게 스쳐지나갔던 평범한 노인들처럼,

당신 역시 그냥 그 시간이 왔을 뿐이다.

그다지 억울할 건 없다.

사회적 신분이라는 정체성이 사라졌을 때,

당신은 당신에게 남은 나머지 정체성을 가지고

남은 인생을 살아가야 한다.

316

사회에서 은퇴하는 순간, 어딘가의 부장,

사장, 원장이라는 사회적 정체성든 사라진다.

종이에다 자신의 정체성들을 모두 적고,

자신의 직업이라는 정체성을 지우개로 지워버린 후에,

자신에게 남아 있는 것들을 돌이켜보라.

그리고 남아 있는 것들로

세상을 살아갈 자신이 있는지 생각해보라.

돈이 있는, 돈만 있는, 돈도 없는, 돈은 없는,

재미있는, 재미만 있는, 재미도 없는, 재미는 있는,

자상한, 자상하기만 한, 자상하지도 않은, 자상하진 않은

아버지, 친구, 배우자로서의 정체성은

돈처럼 눈에 보이게 정량적이지 않기에,

젊었을 때 그만큼 간과하기가 쉽다.

사회적 정체성은 남들에 의해 결정된다.

어딘가에 굉장히 잘생긴 남자가 있다고 해보자.

이 사람이 늙고 쭈글쭈글해졌다면,

이 젊었을 때의 남자와 나이 든 남자는 같은 사람인가?

본인은 여전히 그대로라고 생각하겠지만,

남들 입장에선 완전히 다른 정처성의 사람이다.

흔히 연예인들이나 외적으로 우수했던 사람들은

이런 노화의 간극을 더 크게 느낄 수밖에 없으며,

그런 사람들은 아무래도 젊었을 적 아쉬운 게 없었기에,

다른 사람보다 내적 가치를 쌓는 데 소홀했기 쉽다.

남의 눈치를 살피고, 비위를 맞춰주고,

말을 끌어나가는 법을 배우고, 예쁜 단어를 선택하는 능력은

젊은 시절 본인의 노력만큼만 몸에 남아 있기에,

나이가 들고 나서도 자신의 가치물로서 몸 안에 남아 있는다.

가족은 당신이 만들어놓아야 할 가장 중요한 과업이다.

가족 없는 노년만큼 불행한 건 없다.

노인의 외로움은 살을 찢고 뼈를 뚫을 만큼

날카롭게 머릿속을 파고든다.

망가진 도파민 회로는 더 이상 현실을 도피하는

탈출구가 돼주지 못한다.

당신이 오랜 시간 가족과 지인 안에 저장해놓은 헌신과 감정은,

사회의 무정함으로부터 당신을 보호한다.

만약, 그 안에 아무것도 담지 않았다면,

가져갈 것 역시 아무것도 없다.

감정과 신뢰는 생성되는 데 오랜 시간이 필요하기에,

아무리 돈이 많아도, 단기간에 형성되지 않는다.

이게 준비되어 있지 않다면,

노년의 실패는 불행이 아닌 그저 결과가 된다.

나는 살면서, 현실의 치열함에 사로잡혀

인간관계를 소홀히 하는 경우를 너무나 많이 봤다.

내가 젊었을 때, 나이 든 선배 한 분이 있었다.

교수직을 맡던 분인데, 무섭고 고약하기로 소문난 분이었다.

항상 제자들, 학부생들, 대학원생들을 괴롭혔는데

은퇴 시기가 오자 사람들이 썰물처럼 빠져나갔다.

선배는 어떻게든 끈을 놓치지 않으려

대학 옆에 사비로 연구실을 얻고 출퇴근을 하기도 하고,

학교에 찾아가 계속 후배들을 귀찮게 하기도 했지만,

그게 사회적 인연의 끈을 연결시켜주지는 못 했다.

그는 신뢰를 쌓는 올바른 방법을 배우지 못했기에,

그가 자신의 정체성을 잃었음에도

수십 년을 해왔던 방식을 고집했다.

결국 초라한 노인이 되어 모임에도 잘 나오지 않게 됐고,

그렇게 더 이상 연락이 닿지 않게 됐다.

시간은 누구에게나 공평하고,

결국 모두는 정해진 대로 노인이 된다.

아무리 바쁜 현실을 살고 있어도,

한번쯤은 멈춰 서서 자신에게 질문을 던져봐야 한다.

은퇴를 하고, 현재의 사회적 정체성을 잃었을 때,

남아 있는 나의 정체성은 무엇인가?

그리고 그 정체성이 나의 정서적 노후를 어디까지

보장해줄 것인가?

만약 필연적인 불행이 그려진다면,

당신이 지금 당장 필요한 게 꼭 돈만은 아닐 것이다.

나의 문제는 무엇인가?

공부를 잘하는 친구들의 특징이 있다.

그 친구들은 보통 책을 볼 때, 이해가 되지 않더라도

끝까지 책을 놓지 않는다.

일단 처음부터 끝까지 내용을 훑어보고 나면,

책의 대략적인 내용이 이해가 되고,

다시 처음으로 돌아와서 읽다 보면,

그전에는 이해가 되지 않던 것들이

비로소 이해되게 된다.

삶 역시 한 편의 책과 같아서

이해가 가지 않을 땐, 노인의 지혜를 통해

책의 후반부를 엿볼 수 있다.

그렇기에 그들의 관점으로 세상을 바라보는 건

분명 의미 있는 일이다.

사람이 인생의 황혼기에 접어들면 많은 것이 투명해진다.

시간이 더 이상 없는 자에겐 집착이 거세된다.

그리고 그때가 와서야 드디어 자신의 인생에 대한

객관적인 성찰이 가능해진다.

자신이 살아온 수십 년 동안

내가 돈을 번 것인지, 아니면 건강을 뺏긴 것인지,

내가 가족을 만든 것인지,

아니면 그냥 구색만 갖추고 살아왔던 것인지,

선을 좇았던 건지,

아니면 그저 자신의 명예를 추구했던 것인지.

마음속에 굳건히 잠겨 있던 방어기제들은 사라지고,

자신을 진정으로 돌아볼 수 있게 된다.

모든 문제는 자신으로부터 시작되기에,

자신에 대한 객관성이 결여되면,

아무런 문제도 풀리지 않는다.

그리고 그 객관적인 성찰은

삶의 모든 이해관계가 사라졌을 때에야

비로소 가능해진다.

물론 이건 나이를 먹고 더 현명해지거나,

인격적으로 더 나아지는 것과는 다르다.

그냥 내가 갖고 있던 것들이 더 이상 필요하지 않기에,

가족, 자산, 심지어 자신의 몸에 대한

집착마저도 사라질 뿐이다.

나이를 먹고 나면,

무얼 위해 그렇게 아둥바둥거렸는지 이해가 안 가다가도

막상 똑같은 나이에 똑같은 상황에 던져놓으면,

분명 그때와 같은 행동을 할 것이다.

욕망이란 원래 그런 것이다.

비싼 집에서 살아보면,

비싼 집이 필요가 없었다는 걸 이해한다.

비싼 차를 가져보면, 비싼 차도

그다지 중요하지 않았다는 걸 이해한다.

옛날에 누군가 이런 말을 한 적이 있다.

"세상 모든 사람들이 백만장자가 돼봤으면 좋겠다.

그러면, 그게 별게 아니라는 걸 이해할 것이다."

하지만 안타깝게도 사람의 몸은 신기해서

욕망을 꺼뜨리려면 욕망을 성취해야 한다.

그것들이 인간을 끝없는 불행의 굴레로

떨어뜨림에도 말이다.

어떤 사람들은 평생을 자신이 선하다고 믿고 살아왔지만,

막상 자신의 선이

그저 주고받는 거래였을 뿐이란 걸 깨닫는다.

나에게 잘해주는 사람에게 잘해줬고,

나에게 필요한 사람에게만 신뢰를 줬고,

나의 마음에 무언가를 채우고 싶을 때만 무언가를 줬다.

막상 삶의 마지막에 다다랐을 때,

사람은 또 죽음 이후의 무언가를 얻기 위해,

자신에게 필요 없어진 것들을 남에게 준다.

결국 생각해보면, 인간의 시작은 욕망에서 시작해,

욕망으로 끝나는 것이다.

모두가 나이대에 따라 필요한 것을 추구할 뿐이다.

남보다 앞서 나간다는 건,

그저 다음 단계를 한발 먼저 준비하는 것일 뿐이다.

아이는, 사람의 관심을 필요로 한다.

학생은, 학벌을 위해 공부한다.

청년은, 직장이 가지는 사회적 힘을 느끼게 된다.

직장인은, 배우자를 원한다.

가정을 이룬 자는, 진정으로 돈이 필요하다는 걸 깨닫는다.

아이를 낳은 자는, 학군지가 생각보다 중요함을 배운다.

몸이 아픈 자는, 왜 부모님이 그렇게 건강에
관심이 많았는지 알게 된다.
노인은, 다시 사람의 관심을 필요로 한다.
결국 아이와 노인의 모습은,
인간이 무엇을 진정으로 원하고 있었는지에 대한
해답의 표상이 된다.

아이는 시간이 지나며 자신이 무엇을 필요로 하고
있었는지 잊게 되고, 더 이상 체면도,
자존심도 필요 없어지는 순간이 되어서야,
다시 자신의 근원적인 욕망을 깨닫는다.
자신은 정말 다를 거라 생각하는 사람조차도,
결국 정해진 시기에 같은 문제를 겪게 되기에,
나이를 먹고 돌이켜보면,
자신이 문제라고 생각했던 것들은
정말 아무것도 아니기도 하고,
자신이 중요하다고 생각했던 가치관들이
바로 내가 깨뜨려야 할 진짜 문제였음을
깨닫기도 하는 것이다.
따라서 젊은 날의 삶을
죽음 앞에서 관조해본다는 건 정말로 중요한 일이다.

그러니, 누구든지 간에

일을 하고, 돈을 벌고, 결혼을 하고, 아이를 키우고,

무언가 중요하고, 엄청난 일을 하기에 앞서서

자신에게 한번 질문을 던져볼 필요는 있다.

내가 눈앞에 죽음을 두고 있을 때,

그때 나의 문제는 무엇일까.

모든 사람들은 결국

이 마지막 질문 앞에서 모이기에,

모든 경제적 결정과 인생의 선택들은

결국 이에 대한 과정임을 깨닫게 된다.

내가 돈을 벌고 있다는 착각

초판 1쇄 2026년 2월 27일
초판 3쇄 2026년 4월 8일

지은이 commonD
펴낸이 김경애
펴낸곳 스틸당(STEALDANG)
출판등록 제25100-2025-051호(2025년 6월 16일)

홈페이지 stealdang.com
블로그 blog.naver.com/stealdang
인스타그램 @stealdang
전자우편 bigcat@stealdang.com
전화 02)6951-0928

디자인 스튜디오 포비
마케팅 김종우
제작 갑우문화사

© commonD, 2026
ISBN 979-11-993374-0-4 (03320)

스틸당 출판사는 독자 여러분의 투고 원고를 기다리고 있습니다.
원고가 있으신 분은 전자우편으로 기획 의도, 원고, 연락처 등을 보내주세요.